勿使前辈之遗珍失于我手
勿使国术之精神止于我身

百家功夫

赵堡太极拳拳理拳法秘笈

王海洲 / 著

北京科学技术出版社

图书在版编目（CIP）数据

赵堡太极拳拳理拳法秘笈 / 王海洲著 . — 北京：北京科学技术出版社，2018.11
（百家功夫丛书）
ISBN 978-7-5304-9744-9

Ⅰ.①赵… Ⅱ.①王… Ⅲ.①太极拳—手法（武术）Ⅳ.① G852.111.9

中国版本图书馆 CIP 数据核字（2018）第 151932 号

赵堡太极拳拳理拳法秘笈

作　　者：王海洲
策划编辑：王跃平
责任编辑：苑博洋
责任校对：贾　荣
责任印制：张　良
封面设计：异一视觉
版式制作：创世禧图文
出 版 人：曾庆宇
出版发行：北京科学技术出版社
社　　址：北京西直门南大街 16 号
邮政编码：100035
电话传真：0086-10-66135495（总编室）
　　　　　0086-10-66113227（发行部）　0086-10-66161952（发行部传真）
电子信箱：bjkj@bjkjpress.com
网　　址：www.bkydw.cn
经　　销：新华书店
印　　刷：北京宝隆世纪印刷有限公司
开　　本：710mm×1000mm　1/16
字　　数：214 千字
印　　张：16
版　　次：2018 年 11 月第 1 版
印　　次：2018 年 11 月第 1 次印刷
ISBN 978-7-5304-9744-9/G·2767

定　　价：126.00 元

赵堡太极拳宗师

郑伯英

赵堡太极拳第十代宗师郑伯英先生，字锡爵，河南温县赵堡镇人。从小跟随邻家大伯——赵堡太极拳第九代宗师和庆喜学习赵堡太极拳。郑伯英忠厚正直，勤奋好学，尊师重道，痴迷武技，日练拳逾百遍，得到和庆喜老先生之真传。他行拳舒展大方，快速而又变化多端，技击中挨着何处何处击，太极功夫已达化境。1931 年 4 月，他在河南开封举办的华北五省国术擂台赛中夺得魁首，被誉为"神手"。后郑伯英因避战乱迁居西

郑伯英

安，曾在西北五省主席赵寿山（中共地下党员）部下任武术教官。新中国成立后，由赵寿山引荐，郑伯英曾教授当时在临潼休养的彭真部长学习赵堡太极拳月余，彭部长的胃病因此得到恢复。郑伯英在西安广泛传授太极拳，弟子遍及各行各业，使赵堡太极拳深深扎根祖国大西北。

张鸿道

张鸿道

赵堡太极拳第十一代宗师张鸿道先生，河南温县赵堡镇人。自小聪慧过人、酷爱武术，曾跟道士学习道家功夫，后师从姑父郑伯英学习赵堡太极拳，得到郑伯英的真传。他刻苦练功，掌握了赵堡太极拳的真谛，太极功夫精湛绝伦，有"一指镇西安"的美誉，在20世纪50年代曾获得西北五省推手比赛冠军。60年代，他为了更全面、更好地传承和发扬赵堡太极拳、回馈家乡，返回赵堡镇收徒授拳。期间，他多次与当地成名拳师交流和切磋太极推手，曾用一指征服对方。在当地具有很高的声望。

王海洲

　　赵堡太极拳第十二代传人、赵堡太极
拳大师王海洲先生，河南温县赵堡镇人，
是当今赵堡太极拳的传奇人物。从小热爱
武术，22 岁时拜姑父——赵堡太极拳第
十一代宗师张鸿道为师，得到了赵堡太极
拳正宗传授。几十年苦练不辍，功力深
厚，技艺高超。为收集整理赵堡太极拳技
艺，王海洲克服家庭困难，自筹经费，历
时数十年到陕西、山西、四川、河南等地
遍访赵堡太极拳传人，收集了大量赵堡太
极拳拳论、歌诀，全面地掌握了赵堡太极

王海洲

拳的各种练法、应用技巧及拳理拳法。寻访全国各地武术名家，太极拳
达到极高的境界。

　　王海洲将自己得到的赵堡太极拳真传整理编辑成书，先后出版了十
多部专著。从 20 世纪 80 年代开始，王海洲积极弘扬和发展赵堡太极拳，
奔赴全国各地收徒授拳，并在全国 20 多个省市成立了 30 多个赵堡太极
拳分会，把赵堡太极拳传向全国，使更多的人从中受益。

　　几十年来，王海洲秉持尊重历史的科学态度，经过大量的调查、考证和研究，遍访宗师后代及门人，求真务实，论证了赵堡太极拳数百年的光辉发展史，筹建了赵堡太极拳总会历代宗师纪念馆。经过长期不懈的努力，赵堡太极拳成为第六大传统太极拳，有力地维护了赵堡太极拳的历史地位和尊严。

多年以来，王海洲获得诸多荣誉，并应国内外各地武术团体邀请受聘为顾问、总教练、教授等高级职称和职务。1982年被温县体委武协评为老拳师；1984年被推荐担任温县武术协会常务理事、赵堡太极拳总会副会长兼总教练；1991年在河北永年国际太极拳联谊大会被评为十三太极名家之一；2001年应国家体育总局邀请参加香港汇演。

习拳习道，理义须明，功不间断，其艺乃精。

——邢喜怀《太极拳功》

赵堡太极拳练功的程序：以后天引先天，其中有无数层折，均须一层挨一层，不得猎等，否则无效。

——杜元化《太极拳正宗》

天地旋转，太极无极限；秘传不秘，无形寓有形。

——王海洲

自 序

　　赵堡太极拳始于明万历年间，奉张三丰为祖师，尊蒋发为先师。蒋发先师学拳于山西太原王林桢（即王宗岳），后传入河南温县赵堡村（现赵堡镇）并在赵堡村内秘传四百余年至今，以传承地命名，也是当今六大传统太极拳门派中唯一一个以地名命名的太极拳拳种。赵堡太极拳第九代传人杜元化先生于1935年编著出版的《太极拳正宗》，因原原本本地传承王宗岳《太极拳论》之精髓要义而著称，我于1999年编著出版的《杜元化〈太极拳正宗〉考析》也因与之一脉相承而备受关注。在当今中国传统太极拳六大门派当中，赵堡太极拳以时代最远久、传承最正宗而堪称现代各太极拳门派之母拳。

　　我是温县赵堡人，世居赵堡村。22岁时师从当时有"一指镇西安"美誉的赵堡太极拳第十一代传人张鸿道大师，习练赵堡太极拳并得到真传，成为赵堡太极拳第十二代掌门人。我曾在少林寺担任太极拳教练，多次受聘为国家和省市级太极拳专家和顾问，1991年被国家体委授予太极拳十三名家之一，成为国家级武林大师、太极拳名师。2010年和2017年分别荣获中国永年国际太极拳联谊会中华太极领军人物"太极功勋奖"和第六届武当国际演武大会赵堡太极拳"终身成就奖"。现担任温县赵堡太极拳总会副会长兼总教练、总拳师。

几十年来，我义不容辞地肩负着门派传承和发展的重任，习拳研理，技法并进。为此，在拳理拳法方面，我先后主持编写出版了多本著作，主要包括《秘传赵堡太极拳》（广西人民出版社，1990年）、《赵堡太极剑、太极拳、太极棍、太极单刀、太极春秋大刀、太极散手合编》（广西人民出版社，1996年）、《杜元化〈太极拳正宗〉考析》（人民体育出版社，1999年）、《王海洲赵堡太极拳诠真》（人民体育出版社，2002年）、《赵堡太极拳十三式》（人民体育出版社，2003年）、《赵堡太极拳秘传兵器解读》（人民体育出版社，2008年）等，其中，有关赵堡太极拳和太极剑的论述被人民体育出版社收录到2013年出版的《传统太极拳全书》和《传统太极剑全书》中。为更好地传播和推广赵堡太极拳，在《中华武术展现工程》中录制并发行了赵堡太极拳、棍、剑的规范套路以及技击散手的系列教学光盘。同时作为太极拳专家经常出席和指导国家级、省市级的太极拳赛事和有关活动。在传承推广方面，从20世纪80年代起，我在温县赵堡太极拳总会的支持下，打破赵堡太极拳世代不出村、不传外人的陈规旧俗，巡游全国20多个省、市、自治区传授拳技，并指导各地成立30多个赵堡太极拳分会，受益者数万人。同时收徒百余人，亲自培养了一批赵堡太极拳的传承骨干。

在长期的授拳研理过程中，我坚持进行本门独特拳理拳法的钻研和探究，并取得了一批成果；结合教学实践中积累的拳架的形、意、理的教练经验，形成了针对本门弟子有效练习的系列讲义，为进一步弘扬赵堡太极拳的拳理拳法拳技奠定了良好的基础。当前国家对非物质文化遗产太极拳保护和传承工作高度重视，赵堡太极拳广大爱好者习练的热情日渐高涨，迫切需要再提高和进一步掌握拳艺拳技。同时，赵堡太极拳的继承工作需要更多的"以德为先、技艺精湛"的德艺双馨的传承人。我要打破历代宗师临终择徒授秘的惯例，改变教会徒弟饿死师傅的狭隘心态，欲将我几十年习拳心得倾心授徒，为徒弟们答疑解惑，让大家在我身上真正感知到太极拳的真面目、真功夫、真神通。期望大家练功精进，来日能够出现几十位赶上或者超过我的好徒儿，为赵堡太极拳的壮大发展，为太极拳正本清源做出应有的贡献。经过深思熟虑，我决定对历年来的授拳讲义手稿进行系统整理，并编辑出版成《赵堡太极拳拳理拳法秘笈》一书。

此书提出了赵堡太极拳理、形、意的系统训练体系，主要内容包括赵堡太极拳108式规范拳架、拳理拳法秘笈、独特用法、太极十三式起源图解、乾坤颠倒颠等五大部分内容。本书首次诠释了"一动十三劲俱现""人身一太极"和练武"算术题"等赵堡太极拳独门秘笈之要义和独门练法之技巧。书中还有我专门为之演示的赵堡太极拳标准拳架示范图，旨为广大爱好者进行高层次修炼提供规范指导，也是对赵堡太极拳理论和实践的创新探索。

常言道：理无拳不明，拳无理不精。一层功夫一层理。赵堡太极拳的理、形、意是其正宗体系，一定要遵循赵堡太极拳的独门练法，才有本门的练拳效果，不可掺杂旁门之术。

窥得其中秘，方知天外天。然而纸上得来终觉浅，欲得真知须躬行。希望广大太极拳爱好者通过本书更多更好地了解赵堡太极拳。祝愿赵堡太极拳能够在更高层次和更大范围内弘扬和推广。

王海洲

目 录

赵堡太极拳

108式规范拳架

赵堡太极拳 108 式拳谱

108 式规范拳架

第一式　预备式

预备式

理

歌诀

太极起势莫轻看，

左右相合人进难，

千斤坠功内中找，

逆腹呼吸转周天。

形

面朝正南，自然站立，完全放松，达到天地无为境界时，头有上领或者上顶、气下沉入丹田、小腹有涨或者外凸之感，也就是悬顶坠臀之法。脚要盘根、踏地，同时头上顶，脊椎随颈部上拔，下脊椎随臀部下沉，拉开脊椎骨每节之间的空隙，才能使背后的两条动脉大筋疏通无阻。

周身进入静的状态时，神意易入天根，面前呈现出祥光，围绕周身一个圈，也可为视觉圈。身要三直，此时的意念要"头顶日月，怀抱乾坤，脚踏五行"。同时，神聚天根，想到吸取大地之精华，心与意发出意图，气下行至脚趾，膝微曲达到上下坠直不超出脚尖，臀部下坠与后脚跟齐，加速加重脚趾抓地之力度，使涌泉穴上凸之气感达到承山穴，所谓筋的部位。（图1、图2）

图 1 ｜ 图 2

　　上身松肩微内扣，两臂自然向身前斜下坠落到两胯前，也就是所谓的手落手窝。此时，脚底要分阴阳，以脚的外侧加重力点，使脚心外掀，双脚心呈现一圆圈，双腿外刚内柔，迫使气感继续上移，升到大腿内侧阴陵泉穴。同时，须借含胸松肩之力，由掌根运到拇指，也就是按十三劲劲路图的路线，将掌根五阳变化到拇指上，并且，双膝同时助掌力劲路，使全身前开，后背合，迫使脊背坠臀、裹裆、提裆，同时须要小腹底部上顶，肛门紧闭、上提，完成吊裆，把阴陵泉穴之气感上移到海底穴。随即收小腹，把海底穴的气感强推向命门穴。随即含胸拔背，助气感上移到后心穴。（图 3）

　　借含胸拔背之际，即用肉梢——口腔内的舌，舌根后上抽，迫使后颈上挺，把后心穴之气感上行到泥丸穴，同时双臂振节向后向上推助气感入泥丸穴。双臂外撑，使双臂之力由臂外侧送到双掌根外侧后，由外达内下落于手窝，助腹内之清气吐出，使泥丸之气感落入丹田，恢复无极状态。（图 4）

赵堡太极拳拳理拳法秘笈

006

图 3 ｜ 图 4

要点

1. 认识身体的几个穴位

涌泉穴，承山穴，阴陵泉穴，海底穴，命门穴，后心穴，玉关穴，泥丸穴，丹田。(图5)

2. 如何两脚与肩同宽

双脚自然站立，左脚保持不动，右脚脚尖与左脚脚

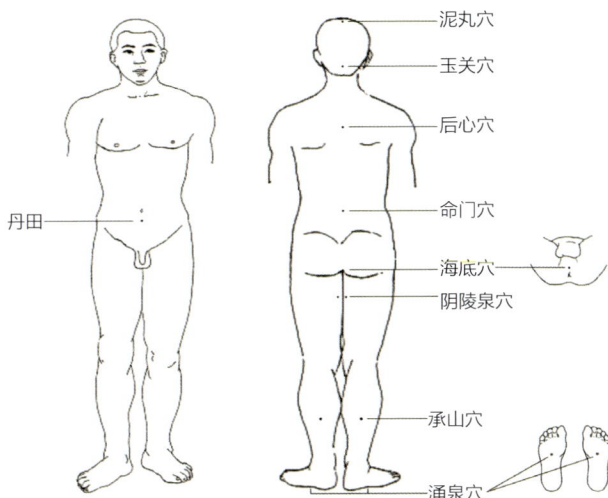

图 5　身体主要穴位图

尖相接，两脚成90°，然后，右脚以脚跟为中心向右转90°，再把右脚往下移与左脚平行。此时，量两脚外侧的距离，就是与肩同宽的距离。

第二式 领落

领落

理

1. 拿住丹田时一定要脚下分出阴阳来。

2. 双手出击的目的，是否用身体来配合，身是否走圆。

3. 以天机（天机即两胯）的变化由领到落。

4. 左手要上领，右脚（跟）一定要蹬，脚尖要上踢，方能使周身稳。

歌诀

太极拳功十三法，

赵堡八法要心明，

四手能化千万招，

应敌妙法用不尽。

形

左右手掌手窝向下，如抱球之势，随身形向下蹲，同时掌心着力。趁下蹲之势，右脚跟为轴着力，脚尖离地内扣，左脚向东南方向，五趾抓地踏实。在脚尖点地，脚跟上提外旋，脚尖向左前方点地。（图6）

周身先向下再向上划弧，左手指随左脚向左前方迈出，左手直取对方右腋窝。左脚踏实成左弓蹬步（即左腿小腿要直，大腿要平），右脚蹬直。右手掌随身形由下向上向外旋，由背到顺，护心脏上抵至指尖和鼻平。（图7）

周身随身体向上向右后方成右弓蹬步，左手掌随身体后移变立掌下切到左膝内侧，掌心向里，掌根着力；右手掌外根部上抵，向外旋转粘住对方手腕。（图8）

右手继续向下落至右脚尖前，同时左手变掌心向下向前向上推到与头平，形成左弓蹬步，左脚尖向外摆到东南方向。（图9）同时提右膝与胯平，右脚尖向前。右手掌随即上提至右膝上，指尖向上，掌心向里。成左独立步后，左脚着力，右手向前向上推至与头平，再向内向下变拳落至脐上方，拳心向里拳眼向上；左手向里向下落至脐下，掌心向上。右脚向前蹬出后落入左脚旁，与肩相宽变实。（图10）

图9 ｜ 图10

要点

1. 拿住丹田练内功。掌根往裆里按，身体往下按，分出左右，左虚右实。不要用十指按，有走圆的概念。

2. 迎抵、开合。左手迎和抵，同时左脚同方向出去成弓步，左脚实，左腿小腿要直，大腿要平，右脚脚尖内扣，呈微虚状态。右手开合，从右裆前随身体沿肚脐、心窝前往上领到鼻尖、眉间，掌心向里，再朝外旋到眉间。至此，出现两种打法：左手为迎抵，右手为开合。

3. 领落、出入。天机带动，右手往上往后领成一个半圆，右脚脚尖向右前方摆，同时，左手为落，落到左大腿内侧，左脚脚尖转内扣，身体重心移于右脚。领是什么，落又是什么？右手旋着走圆向上，而身体往下，左手为落，右手为领。出是什么，入又是什么？左手为出，右手为入。

左手掌掌心由西南方向转向南，身体重心转向左脚一领，身体随着领劲起，左脚脚尖转向南方。右手随身体下落至右脚跟，右脚尖内扣，身体重心随左手的领劲、右脚的蹬移至左脚，右手自下而上，右膝出，右脚自下而上踢入，整个身体往下落，完成一个领和落。定时两脚必须踏实。

意

1. 迎和抵（左手）。对方右手迎面一拳打向我鼻，我左手直刺对方腋窝，左脚同时蹬向对方，抵劲一出，对方即刻被推倒后仰，跌仆地上。

2. 开和合（右手）。对方右手迎面一拳打向我心窝或咽喉，我含胸，用开劲，引入对方打来的右手，右手拿住对方的上臂内侧；用出劲，右手从后溪穴切入，并抓住对方打过来的手腕，化掉对方力量，拧住对方的手，同时身体下压，对方即右膝跪地。

3. 出和入（右手）。对方右手迎面一拳打向我心窝或咽喉，我含胸，左手按住对方右肋，左脚回钩，右手抓住对方手腕，身体起，右手出，顺着对方打来的右手往上往后往外拽拉（入），把对方拽倒在地。

4. 领和落（全身）。对方右手迎面一拳打向我心窝或咽喉，我含胸，左手按住对方右肋，左脚回钩，右手抓住对方手腕的内关穴，身体起，右手顺着对方打来的右手往上往后往外拽拉。对方后退打算逃跑，我把右手顺着对方的力量送出，身体自下而上，左脚外摆，同时右膝自下而上提起（领），顶向对方小腹（落）。

5. 开和合（双手）。右膝提起，顶向对方阴部和小腹，而对方收胯躲避我右膝，我左手从左肋移向对方右肘并将其按住，右手抓住对方打来的右手内关穴，如同金鸡捏嗉、抓蛇七寸。转换：右手中指发力捏按，右手手腕顺着对方的手掌背将对方右手手腕向内折叠，使其小手臂立起来，左手手掌向上顶住对方右手手肘，不让对方动弹（开），身体一沉，丹田之气和力发至双手，左手向上、右手向下同时向相反方向出力（合），对方的手腕即反关节受制。

6. 领落也可以双跌岔，主要发挥天机四大节八小节的妙用。

第三式　翻掌

翻掌

理

要领悟"起钻、落翻"的神意。

歌诀

赵堡太极十三翻，

左顾右盼掌划圈，

手到脚到身要到，

拧腕压肘敌即翻。

形

1. 拿住丹田找目标，五趾抓地上弯弓，神聚天根。双手掌根朝前迎去，神内敛，同时呼尽丹田之气，做到头直、身直、小腿直。（图11）

2. 双手迎、左脚尖抵。右手向上向后引，左手外旋用六阳上领（抵），同时，左脚脚跟随身上蹬，使力同时爆发。（图12）

3. 周身翻滚，引进落空。整个身体右旋，左脚翻转落在右脚旁，右脚尖外摆，左手被拿。（图13）

4. 用入和出完成舍己从人，用"五行"左右配合。周身随左手转向左按去，气呼出（周身下压，面向东南），成定势。要做到四顺。（图14）

图 11 | 图 12
图 13 | 图 14

赵堡太极拳 108 式规范拳架

013

意

1. 迎抵。双手迎，左脚尖抵。腿上、身下，身体向上，后仰一蹬，使对方失去重心而被蹬出去摔倒。

2. 领落、开合同时出现。双手迎，左脚尖抵。腿上、身下，身体向上，后仰一蹬，周身翻滚，左手抓住对方打过来的右肘，右手抓住对方的右手腕，把对方向上领起（也是开，顺着对方打出的力），左脚翻转落右脚旁（也是合，翻转下落右边时，对方被合力按倒），右脚尖外摆，对方被掀起，随之翻滚摔倒在地。

3. 入出。左手被对方紧捏拿着，即周身随左手指向左按去，气呼出，周身下压，对方被推出摔倒。按的时候，左手由勾手展开变掌推对方。

第四式　懒插衣

懒插衣

理

这一式要与推手中的手法、身法、天机紧密配合，做到彼不动，己不动，彼微动，己先动，我意在先。

歌诀

> 懒插衣对敌从容，
> 左催右发显奇功，
> 脚腿胯腰一齐到，
> 滚压引化敌落空。

形

1. 保持"三直"找"六合"。双手挟住丹田在左膝前，上式毕（推过去之后，周身下转，面向正南方向），呼尽（再呼）。（图15）

2. 坎离全由天机定（阴阳之化生），快慢全由神意通（动静之机变）。双手运行，左手是时针，右手是分针，和脚同时到位。左手往下，按住左胯，右手随右脚往上往右同时到位。（图16）

图 15 ｜ 图 16

3. 左宜右有虚实处，心定意明，劲要整。左手和左胯同时到位，使力发至右手掌心。

意

1. 用（右）胯打，身向上，胯下压，可以将对方摔向任意一个方向，对方被压而摔倒的方向由天机定。

2. 用右手催，右手随右胯同时到位，左手按左胯，使力催发至右手掌心，将对方推倒，推倒的方向由天机定。

3. 双手掐住丹田，身体下沉，右脚迈向对方背后，阻断其后退的空间，右手与右脚同方向自下而上再落，划弧打向对方胸前，左手按左胯催，右手向下的力和右膝向上的力将对方拦腰放倒。

第五式　如封似闭

如封似闭

理

这一式常在推手变化中体现，可用胯打、脚打、肩打、膝打、肘打。学会找生门和死门。

歌诀

如封似闭退为攻，

即化即打敌全空，

水涨船高仔细研，

前进后退随人动。

形

1. 右手向上内旋，右脚尖内扣，以外三合为准，身向下，胯向前，用胯打。做到不贪不欠。（图17）

2. 右手下落找脚尖，右脚尖随手外旋寻生门，气收命门，上涌泥丸穴。（图18）

3. 右手随身体由下向上绕头顶，同时右脚向右跨一大步，右手往前按，左手在胸前护心绕一圈。（图19）

图 17
图 18

赵堡太极拳 108 式规范拳架 —

017

图 19

4. 举步轻灵神内敛。手护心，脚钩挂，周身齐到，成上弯弓状态。

意

1. 胯打。右手上内旋，脚尖内扣，以外三合为准，身向下，胯向前，用胯打。

2. 脚打。右手、右脚同时随身体由下向上，右胯外摆，力发脚跟钩对方的脚，对方即失去重心倒地。

3. 肩打。右手手腕和手肘被对方卡死，我手下落找脚尖，脚尖随手外旋寻生门，气收命门，右肩膀迎抵对方靠过来的胸部。

4. 膝打和肘打。对方从右侧用双拳向我正面击来，我以右手粘住对方手腕向下引化，同时提膝上打。假如我动被对方觉察，对方向后退走，我即进步按击对方，对方向后跌出。

第六式　单鞭

单鞭

理

此式的虚实变化可体现在推手中的手、眼、身法、步，为左右应敌招式，连防带打。

歌诀

重手法单鞭对敌，

卸腕骨对方自跌，

左一鞭手脚齐到，

右勾手挂化点穴。

形

左手引，右臂催坎离（迎抵）现，手领，肘压，身翻滚（整个身体立身平移），左领右钻背丝扣。

一动：左手向左向上引，拿对方左手腕，左脚随之一大步。同时，右手臂内旋上催对方中节，右脚随之（迎、领、开、出）。（图20）

图 20

二动：周身下压向左下方转送，双脚变实随之（抵、落、合、入）。（图21）

三动：右手被拿，即左入右出随身右迈一大步，身左移呈现背丝扣（单鞭之形和老架之形的打法）。（图22、图23、图24）

图21 | 图22
图23 | 图44

意

1. 对方从我右前方用拳打来，我双手粘住对方腕（我左手抓其腕

——领）和肘（我右手腕向左向上——滚肘），对方失势后撤，我即上步周身下压向左向下转送。

2. 右手被拿，左前方又有人用双拳向我头、胸部打来，我左入右出随身向右迈一大步，以左手臂向左前粘住对方双手，身左移呈背丝扣滚转后以掌向对方头、胸按击，同时右勾手柔化点击。

3. 右手变白蛇吐信的打法。当对方双手拿住我右手肘下按且肘部感觉力量较大时，我可顺势将右勾手变掌外翻成右掌心朝上，直取对方咽喉；同时身体成右弓蹬步，助力右手完成白蛇吐信的打法。

4. 右手变迎面肘的打法。当对方双手拿住我右手肘下按且手腕感觉到力量较大时，我可顺势进身，用右肘正面攻击对方胸部，或者进而用拐肘缠住对方双臂；同时身体成右弓蹬步，助力右手完成迎面肘或拐肘的打法。

第七式 领落

领落

理

此式理解左右双擒拿。

形

一动：右勾手变掌，以六阳下切至右膝内侧，左手相反，以六阳上推至头顶形成一圆，身随之。（图25）

二动：左边与右相同。（图26）

与第二式同，但面向东。（图27、图28）

图 25
图 26

023

赵堡太极拳 108 式规范拳架一

图 27
图 28

意

1. 出入、开合。单鞭的右勾手变掌以六阳下切对方打来的手腕（开和合呈现）将对方拽倒，左手以六阳上推至头顶形成一圆，身随之。左右两边相同。

2. 迎抵。对方右拳打来，我左手六阳迎抵对方下肋；同时左手护头部领对方打来的右手向身后落下。

3. 膝打。对方右拳打来，我左手六阳迎抵对方下肋，左手护头部领对方打来的右手向身后落下。对方意逃后撤，我随之身起，右膝顶其小腹。

4. 开合。我以右膝顶对方小腹，此时对方收胯躲避，我抓其随右手起，右手抓其腕反折向下，左手掌顶住其手肘向上，同时发力，可使其手腕受制。

第八式　白鹤亮翅

白鹤亮翅

理

体现屈、伸、就之功力。

歌诀

顺手牵羊转轻灵，

提膝上打不容情，

螺旋引空肘击出，

进退全凭腰换劲。

赵堡太极拳 108 式规范拳架

025

形

1. 找目标，双手双脚同时迎抵，神内敛。（图29）

2. 迅速下蹲，仿拿其颈椎脊骨；顺手牵羊，使对方倒地。（图30、图31、图32）

3. 被人困住，以右肩迎抵之机，完成偷宫移步之功能，后即用千斤坠稳住己身，以双臂的开合之势完成两翅之形。（图33、图34）

图29
图30

图 31 | 图 32
图 33 | 图 34

赵堡太极拳 108 式规范拳架

027

意

1. 顺手牵羊

找目标，右脚踏实，双手上迎护五虚，左脚上抵。

整身下落（沉），右脚趾抓地发力，周身向后纵去，完成顺手牵羊后，左脚踏实发力向前蹿去；同时，双手后下撤至左脚尖前，向上划圆于头顶，随身落至右脚前。

2. 偷宫移步（肩迎抵靠）

我右手腕、肘俱被对方抵住进攻，我即左胯向下后划圆，引对方右肘尖随我左胯转动，右大臂内旋、小臂外旋，解脱对方双手的攻击，引对方之力落空，然后周身下沉，左脚随身下沉之际向左后偷宫移步，后移踏实，双膝扣紧，双脚抓地，双手交叉在胸前，左手掌在上，右手掌在下。

3. 白鹤亮翅。右肘尖随身向右、向上、向前，由身、右脚向对方正门击去，双肘尖同时找右脚尖，形成了白鹤亮翅。

第九式　搂膝斜行

搂膝斜行

理

以拿还拿，胯肩齐到。

歌诀

搂膝斜行四方管，

对方拿我以拿还，

胯肩齐到插足上，

螺旋转动敌跌翻。

形

1. 找方向，切对方手腕。（图35、图36）
2. 背折靠，擒拿迎面击来一拳。（图37）

3. 左手化，右手直取迎门，童子拜佛状。在双脚虚实变换的过程中，胯与上身也虚实变化相随，左手下化，右手直取迎门的过程中，整个身体呈前与后、阴与阳的太极图。（图38、图39）

图 35 图 36
图 37

图 38
图 39

意

1.擒拿。对方用右手拿我右手腕，我用十字手（手要展）卸开反拿对方手腕，全身下坐，对方即失去抵抗力。若在全身坐下时将对方右手卡在我右脚膝为支点，对方右手可被压裂受伤。

2.肩打。假如此时又一人从左侧双手向我打来，我侧身进步管住对方双足，以左肩击其胸前。

3.打化。假设另一人迎面用拳击来，我收右胯含胸躲避之，同时左手向下勾化对方来拳，右手掌上旋以胯转之力推送对方。

4.胯打。假设我半蹲时被敌从背后抱紧，我右脚实左脚松，右脚抓地，以丹田之力以胯带左脚向左迈一大步成弓步。对方就被胯移动的力量推倒。

第十式　开合

开合

理

三节聚劲，猛虎扑食。

歌诀

太极奥妙开合中，

一开一合妙无穷，

三节齐聚劲要整，

猛虎扑食快如风。

形

一动：用迎抵化对方擒拿，借机反拿对方。（图40）

二动：以拿还拿，以退为进直取迎门。（图41、图42）

图 40
图 41 | 图 42

意

1. 借力打人。对方双手拿我右手腕，我右手迎抵，寻找出对方的出力点、发力点后，旋我右手腕化之，同时借机反拿对方。

2. 对方双手拿我右手腕肘，我右手旋转化开，两手随即向前用合劲把对方按倒。

第十一式　琵琶式

琵琶式

理

此式是散打。抓地来完成一过二打。此式明显是太极拳中的打即化、化即打，是同时完成的，用的是蚕法；是赵堡太极拳中一动十三劲俱现的典型招式。练习中一定要做到一圆、三直、四顺、六合。

歌诀

手挥琵琶转活圆，

意势相合气腾然，

左手勾化右点击，

发敌全在一瞬间。

形

1. 身体内转，左脚跟实，脚尖内扣，上迎化，下击打，左手上迎，滚化解脱对方的迎面捶。

2. 右手指直取对方下肋、心窝，同时右脚直蹬对方小腹。（图43、图44）

图 44

意

1. 对方右拳迎面打来，我左手迎，右脚蹬对方小腹，后退时左手旋腕变勾手向左下圆转钩挂开，将对方打来的右拳下按，左手松下来被对方拿住。

2. 上弯弓、神内敛。必须聚精会神，动作轻灵、敏捷、利落，体现出展要展得开，屈要屈得下，越屈紧，爆发力越强。此式是合、开，不是吸、呼，而是呼、吸。须深悟。

3. 落脚时如树盘根，起脚时如山崩地裂。打即过、过即打其理通也。以意指挥，以四肢知其化。

第十二式　搂膝腰步

搂膝腰步

理

此式是败中求胜法，即拿哪儿松哪儿，胯裆劲出。横面走圆，丹田、胯、肩膀以及整个身体走圆，意念在肩，肩是"手"，实际上是挨到何处何处击，迎对方，使其抓空，抵敌。

歌诀

对付擒拿有妙法，
拿哪松哪气不发，
进步管足沉腰胯，
腰裆劲出敌根拔。

形

1. 左勾手被拿住，左肘被对方右手按住向下按。

2. 我周身随即用挨到何处何处击之法，周身下沉，用急随之法破之。

3. 同时出左脚找对方之倒下点（对方之左脚跟）。（图 45）

4. 周身形成下化上击之圆，左肩、胯击之。

5. 右手掌随身之动从头顶击对方面部后按到左膝内侧变掌。（图 46）

图 45

图 46

意

1. 塞瓶口。琵琶式成被拿，左手被敌拿住，左肘被敌右手拧住，先懂敌双手的发力点在何处，意左肘尖下沉化对方压力，使对方不能发力。左手臂三节随身体三节而动。我左手被撅住时，左手三节全给对方，腰胯下沉时寻找对方的着力点、发力点，胯下沉时化之。

2. 身要欺人，步要过人。左肘尖接力点迎，左肩抵，左脚扣敌左脚跟，松右天机。

3. 气贯四梢。右天机发力，左肩上抵，右脚着力。左肩外旋，右掌变拳向上找对方迎门。对方双手撅住我左手腕肘，我松肘松肩，腰胯下沉，上步管住对方后脚跟，将对方向左侧靠出，用胯裆之劲。

上步十字手

理

单脚抓地稳，气敛入裆撑。此式破解前后三人，化解迎面之擒拿，一式破三方来攻。

歌诀

单脚抓地如山稳，

气敛入骨裆要撑，

手脚齐发敌招空，

提膝十字防周身。

形

1. 右手掌随身体用力下按，然后外旋向上至鼻尖，右脚尖翘起。

2. 同时，左勾手变掌，随身向上内旋至头顶，左脚尖随身翘起内扣。

（图47）

图 47

赵堡太极拳108式规范拳架

3. 身、手臂的滚压破除身前的拿手和后侧的来捶。

4. 同时，右脚掌原地向上划圆，拿化正面之捶，落入左膝上，脚底斜向下。

5. 下按之右掌向上推出到胸前护前心穴，头顶之左掌下落，与右掌根成十字手，反拿住对方之擒拿手，成童子拜佛之式。（图48）

图48

意

1. 左手粘化。一人从我身后用拳打来，我左手粘住来拳，随左脚领起身体将来拳向前领去，其即向前扑、跌倒。

2. 右手擒拿（开合）。一人右手拽住我右手腕，我收右胯，同时右手掌随其力下按化力，再将其手腕擒拿。

3. 右脚摆击。另一人用右拳向我迎面击来，我起右脚向前摆击其来拳，仓促间使其被踢、跌倒。

第十四式　搂膝斜行

搂膝斜行

右脚从左脚尖前落下变实，脚尖向东南，交叉手向右膝外下落。

其余动作与第九式搂膝斜行相同。

第十五式　开合

开合

与第十式开合相同。

第十六式　收回琵琶式

理

有招似无招，随它之力劲路化之。抵、迎、落、领是太极的绝妙。

形

1. 以右臂护困门穴和分水穴。（图49）

图 49

2. 周身后仰化解对方之力。

3. 领与落过程中的反擒拿。

右胯下沉，右掌上抵。

掌心向上外旋变立掌。（图 50）

图 50　043

赵堡太极拳 108 式规范拳架

意

对方右手拳从我右侧打来，我右手掌迎化对方的右拳，右肘护头，叼手往后同时周身后仰，右掌心向上外旋，如蛇之首将对方缠住，顺着对方的力度上滚引化对方之力，右胯下沉，左脚转向对方，左手抵对方下肋下海穴，左手如蛇之尾粘住对方的手臂，双手反擒拿，右脚由虚转实，周身下落将对方制伏。右脚蹬，左脚形成了"塞瓶口"，周身翻转时感觉呈现太极图。

一动：迎抵和出入。右手叼对方的手向上向后化对方打向我头部的右拳，左手迎抵对方下海穴将其催倒。

二动：周身翻转，双手反擒拿将对方按倒。

第十七式　搂膝腰步

搂膝腰步

与第十二式搂膝腰步相同。

第十八式　上步十字手

上步十字手

与第十三式上步十字手相同。

第十九式　搂膝高领落

搂膝高领落

形

1. 上式的上步十字手成式，右脚从左脚脚尖上与左脚跳换后落下变实，脚尖向东南，交叉手向右膝外下落。（图51）

图51

2. 含胸，气经命门到泥丸穴，收右脚，双掌合为双拳、拳心向里，气沉丹田。动作呈大鹏展翅状。（图52）

图 52

3. 右脚踏实，左脚变虚，左拳变掌，手心向上，置右拳下约一寸，两手一起落到腹前。左掌在脐下，右拳在脐上，定。此时，气感由左手心通过右拳拳眼往上达到天根。（图53）

图 53

意

1. 跳换脚。

2. 开与合。大鹏展翅，双手击打对方脑袋。

3. 领与落。

4. 建前堂。对方以匕首直刺我心窝，我以右手抓其握匕首的右手腕，顺其力，用我右肘推其刀锋向对方咽喉刺去。借对方后仰之机，我左手心上抵对方肘尖，右手乘机下捌折其右手腕，使其匕首脱手，我随拿匕首向对方心窝刺去。

第二十式　束手解带

束手解带

理

上下相随，随手化打。

歌诀

身手被捆心莫慌，

缠丝换劲身俱开，

上下相随合一力，

随手化打如解带。

形

1. 含胸收肋，两肘尖随身下沉，从肋下滑入小腹前。（图54）

2. 双掌屈腕，两手掌由下向上到面前，左脚抓地，命门后收，同时

右脚跟向上向后击对方，向后超出后臀四指为准。（图55）

3. 双手随身体下沉，命门后收，双手抓向面部并向下按，向左右撑开，后臀往上掀成骑马蹲裆步。（图56、图57）

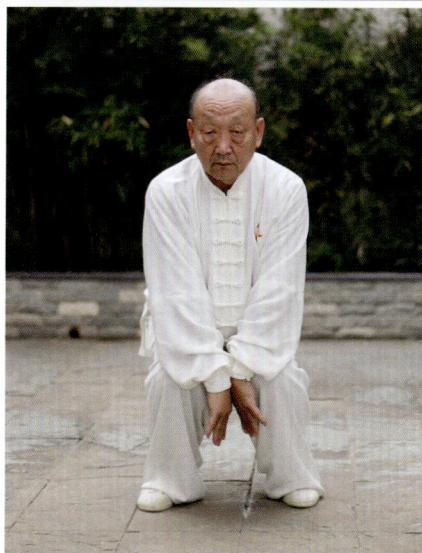

图 54 | 图 55
图 56 | 图 57

赵堡太极拳 108 式规范拳架

049

意

1.胸向前、臀向后而向对方翻滚。对方从背后用双手捆住我双臂和上身,手臂形成了两个力点被对方卡死。我含胸以背部抵住对方胸部,双臂由肘尖顺着对方的力沿着自己的肋下落,两小臂外旋并拢上抬,两手臂向上向外抵,引化对方力点。在身体往下落的同时,尾椎猛撞对方小腹,两手掌向内旋卡住对方双手手臂外引,同时我背贴着对方的身体乘机下移,紧接着后臀往上掀、尾椎向上抬,将对方的重心往上移,使对方身体被架空而栽倒。我以手、背、裆、臀的力贯通一劲把对方倒栽扔到我面前。

2.右脚跟后踢。用脚跟击抱我后腰之人的阴部。

3.双膝往外撑,借力打人。借对方之力化之,达到对方从我背后栽到我面前之目的。找出着力点和化力点。对方紧抱时,我含胸,身体收缩下沉化之。对方的力往上,我意发双膝往外撑、松胯、命门顶上对方腹部,即使对方随劲往上掀。

第二十一式 伏虎

伏虎

理

身形变换,阴阳之化生。

歌诀

採捋手,化去凶猛势,

肘与肩,沾击腹与胸,

刚柔济，惊弹走螺旋，

伏虎势，左右闪披精。

形

1.接上式，双手在承山穴，随即右手同时随右脚向右迈一大步，右手跟随，右手变手心向前，成右弓蹬步。左手在左膝前。（图58）

图58

2.左手随身向后向上推至头上左侧，左手向上推至头顶后按右膝前落至左胯角。（图59、图60）

3.这一式显示出整体的圆。收右胯，右手变拳，右肘向自己的心窝靠，侧右身往后转圆，左手向右脚尖方向落，按在右膝前，右胯向后转动，右手肘起，与左手向下的力同时打成一股劲。松胯转身，使左手和

右手不撇。两个手像轮子一样抢成一个圆，成式时左胯收，左手肘尖、眼光、左脚脚尖成一条直线，外形如"武"字状。（图61）

图 59

图 60 图 61

意

对方从背后抱我，我用左手粘住其左小臂外撑，右肘向其胸部击出，趁其身后移，我乘势以右手抓住对方裆部（大腿内侧肌肉），用肩贴对方心窝处，拔起对方的根，向前方掷出。

第二十二式　擒拿

擒拿

理

顺势借力，反拿关节。

歌诀

太极擒拿手法异，

顺人之势借人力，

任他巨力来拿我，

反拿关节敌倒地。

形

1. 周身发力至右拳底，周身向前压。（图62）
2. 左手压在右手背上，外旋擒拿我右手臂之手。
3. 配合周身以拿还拿。双手放在右膝上。（图63）
4. 出左手先解开右拳之困。
5. 四顺，左手和右手不撒。

图 62
图 63

意

1. 手腕擒拿，出入、开合。对方右手拧我右手腕，我用左手按住其右手背，两手上下将其手腕夹紧，顺对方之势反拿其关节，对方即扑倒。

2. 肘擒拿，出入、开合。对方双手拿我右手与肘，我用左手按住对方任意一只手的手背（意想对方哪只手容易受制就按其哪只手），手肘将对方手腕夹紧，顺对方之势反拿其关节，身体迅速下沉，将其手腕反制。

第二十三式　指因捶

指因捶

理

寓上意下后天还。

歌诀

屈紧伸尽劲要崩，

不贪不欠步轻灵，

护中反打指下阴，

身手齐到方为真。

形

1. 接上式，右膝提起，左手心托起右拳弧形上提，高与鼻平，左手心和右拳心均向内。（图64）

2. 右脚向前迈一步，下蹲变实，左脚跟上半步虚触地面，同时，右拳内旋从鼻尖向下向前打出，拳心向下，拳眼向左，左拳紧贴右手腕处。

二捶合一，置右膝前上方。（图65）

3. 发捶要懂得方向，要四顺，再二捶合一（注意拳捶不要超出右脚尖，整个身体不能下坐，右脚往上蹬倒对方再向前踏）。

图 64

图 65　　057

赵堡太极拳 108 式规范拳架

意

1. 二捶合一。右手腕被对方抓住，我收右胯，左掌按住对方放在我右拳上的手，左掌托右拳背，同时随右脚上提，右拳左掌由脸部向内向下随右脚向前，再双手拳合二为一击其腹部或裆部。

2. 右脚蹬踩。右脚上提蹬对方胸部，向前跨一大步变实。

第二十四式 迎面捶

迎面捶

理

左拳防双抓，右拳击后防。拳肘同时使用，此式是双重。

歌诀

左手一拳防双抓，

右拳迎面击太阳，

一防一打一开合，

妙手一着一阴阳。

形

1. 接上式，身左转随即左肘尖击对方心窝。

2. 双拳由下而上，向左划圈至头前，右拳心向外，拳眼向下，与额同高，左拳心向下，与鼻同高。

3. 定。右拳在上在前，左拳在下在后。

4. 四顺。脚跟不能动（不是蹬步出去，脚步不能迈出），涨身，双脚尖向左转变实，面向正南，左肘尖随身以下向上向左，眼睛看正南。
（图 66）

图 66

意

1. 对方从后背扑过来搂我，我转身，左肘击其胸部，右拳击其面部。

2. 对方从正面用双掌向我面部抓来，我以左拳开，迎抵对方双手，以右拳捶击对方太阳穴或者对方面部后护自己脸部。

第二十五式　肘底看拳

肘底看拳

理

此式是连环採拿方法，以身肘滚压拿之。转胯活腰，双拳连环。

歌诀

拳在肘底内藏凶，

转胯活腰闪正中，

左拳横打右卸骨，

双拳连环显神通。

形

随身左转成左步虚右步实之式（双脚以脚跟为轴）。同时，右捶内旋落至左肘尖和左膝盖中间，左捶外旋，随身转至与鼻尖平。肘、膝、捶成一直线，身体下坐，左脚提起脚尖点地。（图67）

意

1. 对方从左侧用双手抓住我的左手腕并向上卡住我的左手肘，我转

图 67　　061

赵堡太极拳 108 式规范拳架 一

身，同时，用左手迎抵并按压其双手，反抓其左手腕；右手反挂其左臂肘下部，自下而上滚压之，将对方反转身体，再拧其手臂向内扣，左手向外压。这一内一外的两力促使对方因左手手臂被拧折而不能动弹。

2.滚打，肘压（左肘滚扣、右肘压），上护面，膝护阴，拳直取对方心窝，左手打他的面部同时护自己的面部，右膝护阴顶其腹。

第二十六式 倒撵猴

倒撵猴

理

以退为进，移动要靠丹田动。此式是套路中四大凶招之一。一定要做到不撇、不停、不流水（没节奏，永无效用），身形不可忽高忽低，双脚一定显示出钩、挂、铲、蹬，脚出和回的路线刚好成背丝扣。

歌诀

倒撵猴以退为进，

三环发圈中套圈，

身腾挪机关在腰，

四梢动全凭丹田。

形

1.左捶变掌下按与肚脐平，在左膝上方。右捶变掌随身后收到右腹前，左脚变实抓地，右脚变虚在左脚旁。（图68）

2.右脚向后向外铲出变实。

3.右手向下、向后、向上至头顶，下按至左膝内侧。（图69、图70）

图 68　　063

赵堡太极拳 108 式规范拳架 一

图 69
图 70

4. 身体不能有起伏。

5. 钩：脚钩着对方的脚往回走，脚尖往里扣着往外钩，将对方脚跟钩住，力点在前脚，贴着地钩，而不是脚起来才钩。

挂：脚收回来，退步回走的脚要悬挂着，不可以着地。（图 71）

图 71

铲：抬起来的脚不能着地，快速铲和蹬出去，成一股力而不是断成两股力。

蹬：脚尖和脚跟铲后同时蹬。（图 72）

以上的整个钩、挂、铲、蹬形成了圆和背丝扣。

图 72

赵堡太极拳拳理拳法秘笈

意

1. 铲，就地打倒法。我左手拿住对方左手腕，右手按其左手臂根部，将其往我左方按，同时就地以右脚（外侧）横铲其左脚，对方即失去平衡摔倒。

2. 将对方往回打。收右胯以右膝顶住对方左脚，同时我左手拿住其左手腕，右手按其左手臂根部并往我左方按，对方即失去平衡摔倒。

3. 倒撵猴典型的打法，也称大背胯打法，此招凶狠。对方用双手向我迎面按来，我以右手臂迎抵其双手，不让其觉察我正要起来，左胯后闪，左手领其左手，右手从其身后抓其右腰肌肉，身体下坐，右脚迅速插入其两腿之间，用右臀胯抵住其小腹，对方即从我左膝前栽倒。左右意相同。

第二十七式　白鹤亮翅

白鹤亮翅

由倒撵猴变白鹤亮翅时，动作要连贯。（图73、图74、图75）

意同第八式白鹤亮翅。

图73 ｜ 图74

赵堡太极拳拳理拳法秘笈

图 75

第二十八式　搂膝斜行

搂膝斜行

与第九式搂膝斜行相同，区别于正面斜行。

第二十九式　开合

开合

理

身带手转，反拿肘击。转方向、绕步。

舍己从人，不丢不顶，身体立圆，左脚实（或者提右膝）击取其阴部。

歌诀

身带手转应万变，

三节相顾记心间，

梢领中随根节催，

反拿肘击靠迎面。

形

1. 左脚尖内扣变实，右脚向左收回半步，身体转向南。同时，右手外旋向右、向下划弧落右腿内侧。左勾手变掌外旋，手心朝外，由下而上经头顶，在面前下按落于右掌根处，手心向下。（图76）

2. 身体向东北方向转动，右脚提起，随身向东北方向踏出一大步变实，左脚提起跟上半步。同时，右臂内旋180°，手掌在裆前，指尖向下。左手心向下，手向右推提至右肘前。（图77）

3. 合的时候，身转，右手下按至地面，整个身体向下压低，右膝顶敌阴部。

图 77　071

赵堡太极拳 108 式规范拳架 一

意

1. 欲擒故纵，迎抵。我右手与对方左手两手掌相顶，右手迎抵，找其出力点，蓄其力，右手不动，收右胯，左脚跟内转，立圆转身，整个身体下压，对方即被丢出我左膝外。

2. 对方双手外抓我右腕肘，我顺势以双手反其腕肘，以迎面靠，靠击其胸，使用要一气呵成，不能有断续。

3. 舍己从人。对方双手外抓我右腕肘，我右手不丢不顶，身体立圆，松右胯收右脚，立转，身体顺其力后转即下蹲，左脚实（或者提右膝）击取其阴部，右手随之（搂其后腰）。

4. 我左手放在对方右手肘上，右手拿住其右手腕内旋下引至左胯前，右脚旋起绕到对方右脚后，并用脚跟向后踢打对方右脚的承山穴，同时用右肩靠打其右胸乳盘穴。

第三十式　海底针

海底针

理

此式化解周身被困。

歌诀

陷入困境解法妙，

垂肩滚臂坐腿腰，

抽臂击采一气成，

海底探针无虚招。

形

1. 左手掌心朝下，滚压下按，右手上抽。

2. 含胸，右手上抽，从自己胸前向对方面部击去，然后下探自己海底穴底的对方的右脚踝，并向前向上拉，我臀立即坐下使对方倒下。（图78）

图 78   073

赵堡太极拳 108 式规范拳架一

意

1. 右手迎面击之。对方双手抓我左手腕肘，我含胸拔背，左手臂（被对方捆住是没有力的）顺其力向下滚压化其力，抽出右手迎面击打对方的脸鼻处。

2. 臀坐。接上，另一人在我身后抓我左手臂，我把左手给对方，右手下探我海底穴下，抓住对方右脚踝上抬，顺势身体下蹲臀压，对方即倒下。

第三十一式　闪通背

闪通背

理

此式既是道家养生法中的养身固肾法，亦是在推手中经常应用的全式大迎大抵，翻转整个身体的立圆动作。用体内的轴轮化打对方右手攻击。常用于对付多人的打击。

要做到混圆与三直的配合，滚动时以四肢为轮。

歌诀

太极闪通背法精，

击人周身都是圈，

旋转三百六十度，

十三法用一瞬间。

形

1. 迎和抵。接上式，右脚实，左脚尖悬，左脚迈一大步，左手随身体往上迎顶，右脚跟上悬起、点地，同时左手抵。(图79)

图79　　075

2. 领和落。360°急转身，双手翻转领周身下落，双手翻转落在左膝前，左脚实，右脚尖悬起虚点。（图80、图81）

3. 入和出，开与合。迈右脚往后一大步，以天机带动身体和双手往后方成右弓步，右胯转将身体拔起，带动身体翻转，双手向上向前扑，右脚实，左脚尖悬点地，上弯弓，定。（图82、图83）

图 80

图 81

图 82
图 83

意

对方迎面向我击来，我进步用双手粘其腕肘，身速转 360°，将其手肘反架在我肩膀，臀粘对方的胯，将其击出或折其手臂。

第三十二式　如封似闭

如封似闭

理

顺项贯顶两膀松，束肋下气把裆撑，威音开劲两捶争，五趾抓地上弯弓。

虚中有实，实中有虚。阴阳转换，阴中有阳，阳中有阴。回归自然界。

形

接上式，全身下落，左脚后撤变实，双手、右脚和身随，气收命门，右脚迈一大步变实，左脚、双手和身体随之扑向前，气由命门拔起到泥丸穴沉入丹田，右脚实，左脚虚点，上弯弓，定。（图84、图85、图86）

图 84

赵堡太极拳 108 式规范拳架

079

图 85 | 图 86

意

整个身体起伏和手脚同时连贯成立圆，一气呵成，如饿虎扑食。

余同第五式如封似闭。

第三十三式　单鞭

单鞭

理

去僵力，变柔顺。

形

1. 左脚向左跨一步，抓地变实，松胯，带右脚往左方移动、虚点地。

2. 双手分上和下，距离为一个手肘的距离，右手随而上催敌肘。

3. 身体下压时，右肘滚压，双脚变实，双脚尖左转向左后方推出。

4. 右手变抓手，左手掌推，沿着腹部自左往右推。右脚实，左脚虚点。

5. 松胯，左手自上而下推向左方，右抓手自下而上推向右方。

6. 定。三直四顺，右脚内扣，左大腿踏平，悬顶，拉开腰间的关节。

意

与第六式单鞭相同。

第三十四式　云手

云手

理

此式为防守方法，任何人从前面、左、右打来，我都能以双手划圆防范；用天机的变化，动静机变化之，是套路中四大凶狠式之一。

歌诀

云手运行如两轮，

两轮全在一环中，

天机随腰千万变，

背丝扣玄影立现。

形

1. 单鞭成式变云手。借周身下沉之力,右手由勾手变掌,手心向下划弧,按至右胯前,掌心向下,右脚尖内扣划圆、变虚。

2. 左手掌心向上按出,左脚尖外摆,五趾抓地变实,头上顶,臂下沉,松开脊椎骨压住的腰骨,这样,右入左出,右落左领,左迎抵,右开合。(图87)

3. 一手下按的同时另一手上领。身、脚随之,不能停顿。

4. 打出立圆。要注意这一动作,做出了太极图,还做到了背丝扣的运行。(图88)

图 87

图 88

意

对方右拳向我面部、胸部击来，我以手粘其手腕，向左右上下领落开合出入迎抵均可。

此为险招，以巧取胜，更是由生门化去困境。要求步伐有根。

第三十五式　腰步

理

腰步

步要过人，身要欺人，手要吃人，意要胜人。

歌诀

腰步式简威力大，

上步进身用腰胯，

紧接云手意连贯，

巧劲粘走把人发。

形

接上式，两脚同时往左前方，形成蹿劲。手和脚在一条线，绕着找对方的后脚跟（倒下点），周身同时向左压去，成左弓蹬步，右手按在右胯前，右胯下沉。要按成圆。（图89）

图89

左手臂粘住对方双手上引，左脚绕对方身后扣住其左脚跟，对方即失去平衡，我双脚上蹿力达左手掌外侧，右手按向对方的胸部，胯肘将对方推倒在地。

第三十六式　高探马

高探马

理

此式在推手中很重要，是意上寓下的标准招式。

歌诀

高探马用折叠劲，

双手上下顺圈滚，

脚钩进身上下随，

人倒恰似树断根。

形

1. 接上式，重心移向右脚，左脚收回半步，脚尖点地。

2. 同时，右手转手心向外、向后、向上经头顶划弧落到右胸前，左手划弧内旋收回左腹前。（图90）

意

腰步的左弓蹬步若不能将对方按出，即收左腿钩对方的右脚，左手以擒拿按住对方的左手，右手拿住对方的左肘，周身向后旋转将人掷出。
（注：以胯转动腾出空间）

图 90

第三十七式　转身

转身

理

擒拿动作中常用的险招，以身法为主。

歌诀

双脚盘根主在腰，

腰动四肢转如轮，

前后左右上下管，

四面八方能发人。

形

1. 双手抓住对方右臂向下向右划圆化其力。

2. 起左脚蹬对方之右肋下，右腿微屈（身体领起稍后仰，以屈伸蹬向对方）。（图91）

图91

3. 对方闪化我的左蹬脚，以双手制我右手腕肘，我顺势左转身左脚落地，抓地变实，进步将其击出（双手抓对方右手随身外旋向上猛举，双手举过头，随身体起来直接往右蹿出）。（图 92、图 93）

图 93

赵堡太极拳 108 式规范拳架 ──

4. 注意双拳，拳顶与拳眼相对。手随腰转圆，以身体转动压倒对方。
（图 94）

图 94

在一步四打中灵活应用。

起、钻、落、翻的运用。

第三十八式　右拍脚

右拍脚

理

意上寓下后天还之意。

歌诀

神舒体静身中正，

气沉劲蓄腰胯松，

轻灵活泼下引净，

肋下一脚发不空。

形

接上式，双手由拳变掌，身体下蹲，双手随之划圆，右掌前左掌后叠在一起往外推，右脚往上踢，脚找手。（图95）

意

引下打上。对方双手抓住我的右臂向前按我，我即向左下引化，右手掌迎面击去，右脚上踢直取对方咽喉。

图 95

第三十九式　再转身

再转身

理

左宜右有虚实处，以身压人。有左既有右，演练出太极一圆。

形

1. 接上式，右脚扎地、身转，双手指尖相对，随身体划圆，双掌变双拳，落下到膝前。（图96）

2. 双拳随身体向下、向后、向上、向前划圆，在额前双拳出击。（图97、图98）

图 96

图 97
图 98

意

同第三十七式转身，方向反之。

右手拿住对方左手掌，拇指按住对方掌心，左手四指加按在自己右手的拇指上，左手拇指压在对方的掌根部。同时，随身体以胯带动向右、向外、斜向下按压，使对方倒地。

第四十式　左拍脚

左拍脚

同第三十八式右拍脚，方向反之，有左即有右，演练出太极一圆。（图 99）

图 99

第四十一式 双风贯耳

双风贯耳

理

借周身的屈伸之力，以右脚跟为轴，转动自如。哼哈之气此式定要努力来悟。

歌诀

顾前盼后观六路，

分臂向上坠下身，

谁敢向前来击我，

双风贯耳膝打阴。

形

1. 接上式，左脚从空中屈膝收回腹前，悬起，双掌外旋变拳收回胸前，肘落肘窝，拳心向上。（图100）

2. 以右脚跟为轴，周身向下、向左、向后旋转，悬脚不变。

3. 同时，双拳经胯关节左右分开，向下向上、经面前划一大圈至胸，拳顶相对，拳眼向上。（图101、图102）

图 100

图 101　　097

赵堡太极拳 108 式规范拳架一

赵堡太极拳拳理拳法秘笈一

图 102

意

迎击背后来击之人。对方从背后向我扑来，我急转身双拳用合劲击对方双耳，同时提膝上击对方下部。

第四十二式　旋脚蹬跟

旋脚蹬跟

理

力击三处，双拳一脚旋击，出拳三分，收拳七分，即出拳为吸，收拳为呼，脚蹬不超出拳眼。哼哈二气妙无穷（在吸呼中体现）。

歌诀

双臂被摖心不惊，

顺势螺旋左右分，

瞅准五虚手脚发，

平打心窝下打阴。

形

1. 双拳在胸前内旋转，拳心向下，继续内旋，向左右分击，臂高与肩平，拳心向后，拳眼向下。

2. 左脚向左方蹬去，脚心朝左，脚尖朝上，高与左拳拳眼平。（图103）

3. 双拳与左脚沿原路旋转收回。定。

图 103

意

同时击倒左右之人。左右两人同时拽我左右两臂肘腕，我双拳顺势发抖劲向对方心窝处击去，上用（拳）捶打（其心窝），下用（左）脚蹬（踢其下部），则左右两人均被击出。

第四十三式　三步捶

理

连续进攻的动作，手脚并用，配合身体的转动跳跃，一招三打。

歌诀

连环扣打招法凶，

摇滚摆弹一气攻，

虚实转换要轻灵，

身手脚到即成功。

形

此式可打出两种形：

分段的形

1. 左脚向左迈一步，脚尖向左，形成左弓步。同时，左拳弧形向左摆击，拳心向上，与左脚相对。右拳外旋弧形落到右腹前，拳心向上。（图104）

2. 左脚抓地，右脚提起，向左膝前踏下，落在

图104

左脚尖前，脚尖向西北方向，左膝与右膝窝合。同时，右拳由下向上、向左划弧形收至胸前，拳心向上。左拳随身弧形收至身左侧，拳略低于肘，拳心向上。（图105）

赵堡太极拳拳理拳法秘笈

图105

3. 左脚向前迈一大步，成左弓步，脚尖向左。同时，左拳由后向上、向前划圆弧摆到左胸前，拳心向上，拳略低于肘。右拳划弧收回右胯前。（图 106）

图 106

连续攻击的形

此式较凶狠，慎用。

意

此式是连续进攻法。对方以右拳向我胸前击来，我上步以左臂滚化对方来拳，提右脚踩对方踝骨，以右拳击其面部，对方退，我速进步击，即上左脚向前蹿一大步变实，左拳从身后抡圆砸对方面部，对方在连续攻击下被击出。

第四十四式　青龙探海

青龙探海

理

身体背后击人，起伏配合，显示臀的威力。

歌诀

背后抱摔险不危，

尾闾发动周身随，

肩胯背脊皆能打，

青龙探海显神威。

形

1. 右拳向上、向前划圆弧向左膝内侧打下，低于膝，以击地为最好，右肩微内扣。（图107）

赵堡太极拳拳理拳法秘笈

图 107

2. 左拳内旋打向后置左胯旁。

意

1. 臀击。对方从背后抓住我双腕，抱我要往左摔，我顺势转臀上打，扣内肩，对方即被我拔根而起，向前摔出。

2. 侧身出入打，左臀上顶，右手下领。对方从背后被我抓住其双腕，我身体粘其腹顺势转臀上打，右手领着对方的手向左膝内打，扣内肩，左手抓其左腕内旋顺势向后，对方即被我左臀顶、右手领而失去重心，向前摔出。

第四十五式　黄龙转身

黄龙转身

理

身的滚动，肘的应用，解脱背后的进攻。

歌诀

黄龙转身破后敌，

双胯变换人不知，

周身圆转合一劲，

胯滚走化起肘击。

形

1. 双捶同时下按转向面前，拳心向里。（图 108）
2. 双拳随身由左转向右后方。

3. 右脚变实腿向前，左脚跟上成虚步。

4. 双拳同时在胸前，右拳在前，左拳在后。（图109）

图 108
图 109

意

转身胯坐。对方用双手从背后将我身捆住，我发力于左脚跟，传导到胯，胯后坐，以胯化开对方，同时以右肘击其肋部，对方即向后翻出。

第四十六式　霸王敬酒

霸王敬酒

理

挨到何处何处击。全由身体的收放、迎击解脱困境。

歌诀

丹田滚动带臂腕，

一呼一吸周天转，

擎起彼身借彼力，

敬酒一杯敌后翻。

形

做到劲整、神聚。双臂交叉之力聚于双手腕和右脚。

1. 双拳同时由下向上划一圈。（图110）

2. 右脚向后移半步，又向前跨半步变实。

3. 身随之，双拳随身向前按去。（图111）

图 110

图 111

赵堡太极拳 108 式规范拳架

意

出入。对方双手抓我双手向面部按来，我以身引化即以双拳向前发力，对方即跌出。

第四十七式　二起拍脚

理

虚实难料，假真并用的击法。左脚不中右脚中。

歌诀

双臂上掤来手封，

脚发二度如雷迅，

进圈欲变来不及，

左脚不中右脚中。

形

1. 起左脚上踢，是虚。（图112）

2. 伸出右手，起右脚上踢，至右掌心，是实。左右脚起跳先后连贯。（图113）

3. 双手上撑，助自身上起，左脚落地，全身下落，要低。

意

二起拍脚要以左脚尖猛踢对方心窝，对方没有防备为实，若对方闪过，即以右脚踢对方胸和面部。

图 112
图 113

赵堡太极拳 108 式规范拳架

111

第四十八式 跳换脚

跳换脚

理

意上寓下后天还。你击对方上部，就要防对方击你下部。

歌诀

凌空欲坠防腿扫，

左右换脚击身后，

虽是怪招却不怪，

随心所欲中敌头。

形

1. 左脚用力上跳，踢自己右臀部。
2. 同时双手助身上升，从头顶分臂平。（图114）
3. 右脚落地变实。（图115）

图 114 ｜ 图 115

身后有人以脚扫我左脚，我换右脚着地，提起左脚躲过对方，以左脚向身后踢去，脚发必中。

第四十九式　分门桩

分门桩

理

接前面的意，手臂上滚动的击法。

歌诀

双拳击我分手粘，

缠绕绞转不丢顶，

合膀跟随顺势取，

进身合劲刺中门。

形

1. 周身下沉，双手从左右两侧落至双膝外侧，左脚尖点地，落至右脚旁。

2. 双手交叉成十字手，随左脚向前迈一大步，双手指不超过脚尖，成左弓蹬步。（图116）

意

1. 迎抵。对方双拳向我胸部击来，我双手粘住对方双手向两边化开，继续迎抵向内缠绕向对方胸部，击倒对方。

2. 分门。两对手并排在面前抵挡我前进，我以双手交叉成十字手抵（插）向两人之间，从丹田发力直接冲散他们。

图 116

第五十式　抱膝

抱膝

理

续分门桩，为前打后背猛击后面之攻势，远用梢节，近用膝打的要领。黏化外撑。

歌诀

应敌招数数不清，

双手击来採捌迎，

粘化外撑提膝打，

不处险境不乱用。

形

1. 交叉手左右分开，在胸前成抱斗式，随左脚后收至右脚前。（图117）

图 117

2.双手随身下沉蹲下，到与膝平后双手内旋，落至左膝两侧，手心向上。

3.随即周身上升，双手随身向上提至胯平。（图118）

图 118

意

膝顶。对方双捶向我迎面打来，我双手下外引撑，用腋窝夹住对方双捶，双手手心顶其两个肘角，提膝打其下阴，同时双手将其捧起。

小结

1.第四十一式至第四十三式，双风贯耳、旋脚蹬跟、三步捶这三式，是两肢连续进攻。

2. 第四十四式至第四十六式，青龙探海、黄龙转身、霸王敬酒这三式，是用身体滚动化解困境。

3. 第四十七式至第五十式，二起拍脚、跳换脚、分门桩、抱膝这四式，是上下齐动并用之法。

第五十一式　喜鹊蹬枝

喜鹊蹬枝

理

化解对方双拳袭击胸部。接上式抱膝把人抱起，只有抛出才能够化解，否则必被压翻，只有将物掀起加上一脚蹬才能成势。应悟古人手掂之鸟飞不起来之道理。

歌诀

喜鹊蹬枝多灵变，

展翅蹬脚发瞬间，

解其深意仿其形，

托肘蹬腿敌后翻。

形

左脚向前蹬出，脚心向前，脚尖向上。同时双手转手心向里，手与肩平，再内旋转手心向前向上按出。（图119）

图 119

对方在我身前伸出双手正要抱我腰部，我闪电般以双手托其肘部，向上引领，将其连根拔起，以左脚上蹬其小腹，将其向外向上抛出。

第五十二式　鹞子翻身

鹞子翻身

理

铁板功法，鹞子翻身。以鹞子空中捕食之实况来验证。此式也可空手夺枪用。

歌诀

> 猝然遇击破招明，
>
> 右掤左捋顺势应，
>
> 铁板功法腰转旋，
>
> 鹞子翻身招法灵。

形

1. 用铁板桥之法，右手护住咽喉，左手上托其肘尖，左脚尖直取其心窝。（图 120）

2. 左击脚向外点随即钩回，周身右翻转躲其锋芒。

3. 双手按至双膝，低于膝，双脚扎实。（图 121）

图 120
图 121

意

接上式，将人蹬出，随即迎面一枪刺来，我身后仰。右手护咽喉，左手托起枪杆，左脚尖向对方心窝点击后，即周身向右后方翻滚解之。

第五十三式　捯膝

捯膝

理

左宜右有双手互搏法，也是不撇。

歌诀

捯膝应敌手腿进，

单腿立身根要稳，

挥手掤人手要准，

脚蹬肋部脚要狠。

形

1.右手右脚同时向上向前弧形踢出。（图 122）

2.左手划弧形提至胯根处。

3.右脚向前落下一步随身右转踏实，右脚尖朝东南方向，右手向上向后在头顶，手心向上。（图 123）

意

接上式，右侧又刺一枪，右手抓枪头上引，右脚即蹬对方。右手迎抵对方，右脚蹬开对方。

图 122 | 图 123

第五十四式　再搂膝

再搂膝

形

接上式，和搂膝同，换在左边。左脚上前迈一大步，成左弓蹬步。（图124、图125）

意

同时又刺一枪，即起左手抓枪头，起左脚蹬出解之。

小结

1. 第五十三、第五十四式，体现圆的功能，化打结合的必要，左宜右有的验证。

2. 第四十一式至第五十四式，这十四式是这套拳式中最激烈之运动，是跳跃、辗转、滚打、蹬踢的具体表现，必须运用以上拳理认真窥悟才有所得，窥得其中秘，方知天外天。

图 124 ｜ 图 125

第五十五式　研手捶

研手捶

理

左打击时右引化。

歌诀

随屈就伸化彼力，

顺其来势抱其身，

要啥给啥赵堡诀，

舍己从人化发精。

形

1. 右手向右按至右脚面绕膝。

2. 左手下切对方手腕,随身向右成右仆步。(图 126)

3. 右手绕膝后变拳,随身上推至胸前。

4. 左手掌上推至右拳旁成左弓蹬步。(图 127)

意

左手被擒,右后方被对方猛刺一枪,左手配合周身倒换方位之际,用六阳避开左手之擒拿,右手推开刺来之枪后借此力引向左手擒拿之人。

图 126

图 127

第五十六式　迎面肘

理

远来用手、近时加肘之打法。

即用左肘解脱左边之困，随即配合周身变化用右肘尖击打对方，右肘窝擒拿，解脱周身之困。

迎面肘

梢节受制中节应，

手腕被拿肘节攻，

腰际劲发贯肘尖，

化险为夷迎面中。

形

一定练出左右两个迎面肘来。

1. 用左肘尖找左脚尖。

2. 右手为拳，左手掌在右拳上，同时随身向右按至小腹前。（图128）

3. 右肘尖上提至头顶，随身向左成左弓蹬步（骑马蹲裆步），右肘尖找左脚尖。（图129、图130）

图 128

图 129
图 130

意

对方双手握我右腕，我即顺其力旋转，起肘向前击其面部。

第五十七式　抱头推山

抱头推山

理

天机的运用。双肘打、化的应用。

歌诀

沉腰活胯身圆转，

左右反背採捌弹，

以臂拿臂解还打，

对方仆跌如塌山。

形

1. 右捶变掌，从面部向下划圆到左脚尖。（图 131）

2. 右手指尖点地，在面前划弧到右脚尖前。

3. 左手掌上推至头顶，周身向右成右弓蹬步，双手不动。（图 132）

4. 左手同时下按至面前，护胸，右手向后向上经头顶按到面前。（图 133）

5. 定式：胯要松，身要直，两掌掌心相合。

图 131

图 132 | 图 133

意

  对方用双手拿住我右手腕肘，我顺势走化即以右肘臂反拿其小臂，左手按其肩，合一劲向我右后推去。

如封似闭

同第五式如封似闭。（图 134、图 135、图 136 ）

图 134

图 135 | 图 136

第五十九式　单鞭

单鞭

同第六式单鞭。

第六十式　前招

前招

理

一臂化双按手，柔中有刚。以退令对方误以为得手，实际是要用肩打之，全是以身形变化来完成。

歌诀

一臂能化双按手，

松胯滚臂身前引，

含胸拔背意贯肩，

对方自撞自伤身。

形

1. 右胯根内收。

2. 右勾手变掌随身下沉落至右胯角前，指尖朝外。

3. 右脚尖内扣。（图137）

图137

意

肩打。对方双手按我右臂，我右臂向左松下，右胯下沉，以肩靠之，猛击其胸部。

第六十一式　后招

后招

理

阳中有阳，以进为进。

歌诀

气蓄丹田屈臂转，

引掤劲出走螺旋，

螺旋全凭腰腿功，

腰腿催手敌前翻。

形

1. 右手随身右移，左手向下、向右划圆弧至右手下。

2. 右手掌内旋成立掌，捧右手掌，成交义手上推至面前，成右弓蹬步。（图138）

意

我右臂被对方按至身前，我转腰以双手迎抵对方双手，由下而上把对方推出。周身要合成一劲，转接处不留空隙。

图 138

第六十二式　勒马式

理

化打同时，以化为拿，以拿化拿，以脚蹬对方前心穴。

歌诀

双手被按莫慌张，

旋转即化柔克刚，

左右反封背变顺，

恰似烈马勒绳缰。

形

1. 周身下沉，同时右脚收半步成虚步。

2. 交叉手随身上内旋向面部向下左右分开。

3. 左手向上推，与头平，右手按至右胯外侧，形如抱斗之势。（图 139）

图 139

赵堡太极拳 108 式规范拳架

意

对方双手抓住我双手向我胸前按，我含胸，双手上下分化来力，并提右脚击其面部。

第六十三式　野马分鬃

野马分鬃

理

右手领肘左手催，丹田内转四梢应。

歌诀

右手领肘左手催，

外掤腿蹬身劲整，

丹田内转四梢应，

内外合一发不空。

形

1. 周身向右旋转，左手至头平（迎抵），右手为立掌在右膝上（开合）。体会十三劲。（图140）

2. 右脚向右前方跨一大步，右手随之向前划弧推至与右脚尖齐，右手迎抵。（图141）

3. 左边与右边相同。（图142、图143）

图 140 | 图 141
图 142 | 图 143

意

对方用右拳向我击来，我以右臂向上迎向外抵出，进步以左掌按其肋。

第六十四式　右高探马

右高探马

理

遇强智取。

形

1. 接上式，重心移到左腿，身体向左向下坐。（图 144）

2. 右脚向左向上绕一圈，钩住对方的左脚跟收回，脚跟着地，脚尖上翘。

3. 手脚同时随身收至胸前，成上下合掌之势。（图 145）

图 144

图 145   139

赵堡太极拳 108 式规范拳架

意

对方双手按我右臂，我向左、向下走化，同时以右脚钩对方左脚，两手翻转向对方按出，对方即在我右侧跌倒。

第六十五式　白蛇吐信

白蛇吐信

理

巧出毒招，也是蛋法。

歌诀

沉肘小圈滚化进，

反制双臂刺喉咽，

丹田催劲贯筋梢，

白蛇吐信巧取胜。

形

1. 接上式，右脚向前迈一步，脚尖向前成右弓步。

2. 同时，两手向前向上，以右掌指刺出。

3. 左掌移至右肘上方。

4. 右手向前穿，手指直击对方的困门水分穴，右脚向前蹿一大步。

（图146）

图 146

意

对方双手按我右臂，我滚肘即进，以手指刺其咽喉，左手粘右小臂以助劲。

第六十六式　玉女穿梭

玉女穿梭

理

蚕法连续施展。当对方用转身之法击我，用此式破之。以巧取胜，身手齐进。

歌诀

掌发全凭身带劲，

穿梭招发快如风，

神意气劲贯左掌，

足落指到取双瞳。

形

1. 接上式，左脚向前迈一大步踏实，右脚尖内扣成左弓步。

2. 同时，两手前后分开，右手置右腹前，左手前推与左脚相合。面部朝北。（图147）

图 147

赵堡太极拳拳理拳法秘笈

意

对方双手拽我右臂，我顺势上步，以左掌迎面击去。

第六十七式　转身懒插衣

转身懒插衣

理

辗转进招，翻身以肘臂击人。

形

1. 接上式，左脚尽量内扣，右脚向右、向后、向西迈出一步踏实，成右弓蹬步。

2. 身体由朝北转为朝南。

3. 同时左手弧形下按至左小腹，右手向上、向后、向西划圈按出，与右脚相合。（图148）

图 148

意

转身，肘尖击敌后心穴。

第六十八式　如封似闭

同第五式如封似闭。

如封似闭

第六十九式　单鞭

同第六式单鞭。

单鞭

第七十式　云手

同第三十四式云手。

云手

第七十一式　跌岔

跌岔

理

应做出双跌岔，对四方之敌。

歌诀

跌岔分打四方势，

左顾右盼前后击，

身发螺旋弹抖劲，

触转即放八面跌。

形

1. 接上式，右弓步。（图149）

图 149

2. 双手随身左后坐，呈右跌岔式。(图 150)

3. 双手变立掌从胯角划弧推出。

4. 双手掌上领，左胯催，右胯领，右脚收回。

5. 双手划圆成双勾手，随身落在右膝上。(图 151)

6. 双勾手随右脚提起，左右分开，随身下落，呈左跌岔式。双手与双脚相合。（图 152、图 153）

注意一定做到左右跌岔，起落应在双脚上，膝不得用力。

图 152
图 153

赵堡太极拳 108 式规范拳架

意

这是应对四方之敌的招数。以双手领落对付前面之敌，以脚弹踢后敌之裆部，以双手螺旋分击左右来人。

第七十二式　扫腿

理

这是一个高难度的动作，要求动作连贯，一气呵成，不要有断续，才能表现出圆活、完整。

歌诀

太极扫腿少人知，

铁腿一发敌断根，

上领下扫仆步击，

常山之蛇首尾应。

形

1.接上式，松腰胯，胯左转，左脚掌外摆，身体重心移至左脚，呈左弓步。

2.左手上领，身体下落。

3.以左脚跟为轴心，右脚外撑，用内侧沿地扫圆弧。

4.右手、身体同时随右脚划圆圈。

5.定式，身体面向西北，右腿朝北，右脚尖向西。（图154）

图 154

左手随身向前向上，右手随右脚脚心向前，随身向左向后扫去。左手在头顶偏后，右手在右小腿上，立掌。

意

常山之蛇首尾应。对方用双掌向我正面抓来，我以左掌迎抵上颌，右手与右脚同时转，并以右腿扫其腿，对方即仆跌倒。

第七十三式　转身

转身

理

对付背后的攻击。

歌诀

太极不怕身后攻，

掤捋其手来劲空，

脚钩其背仆地倒，

一切都在旋转中。

形

1. 周身猛向后向右向正东翻转，右脚用脚跟向后钩打后落至左脚旁，右手随右脚落至腹前。

2. 左手划弧下按至左膝上。（图155）

意

身体向后起来，原地迅速转方向，攻击后面的来敌，右脚一定要找对方后心和玉关，用脚跟击之。

图 155

赵堡太极拳拳理拳法秘笈

第七十四式　右金鸡独立

右金鸡独立

理

远用脚踢，近用膝击。此式用法凶险，不可乱用。

歌诀

金鸡独立济阴阳，

蓄发相变柔而刚，

转换虚实人不知，

掌击易化膝难防。

形

1.右手手心向上，随身上推至头顶。

2.左脚抓地，右脚上提，右膝与右胯平。

3.左手下按至裆前。（图 156）

4.定。右手手心上领，左手下按，左小腿微屈、抓地，右脚脚心朝前。

意

对方从正面用拳击来，我以手托其腕或肘，迎抵向前推，提膝击其下部。远用脚踢，近用膝击。

图 156

第七十五式　左金鸡独立

左金鸡独立

理

远者用手，近者加肘；远用脚踢，近者加膝。

形

1. 周身下蹲，右手立掌从右耳后划弧到右胯前。

2. 右脚外摆变实，提左脚与左胯平，脚心斜向外，左手从左耳后推向头顶，手心向上。（图157）

图 157

赵堡太极拳拳理拳法秘笈

意

同右金鸡独立。

第七十六式　双震脚

双震脚

理

意上寓下后天还，避开下扫棍。

歌诀

太极攻防变化多，

走粘有走也有躲，

对付扫腿身上跃，

双脚连发腿难过。

形

1.右脚五趾抓地，放松腰胯，身体下落。

2.左手、左脚随身下沉、内旋，转向上领起，形成左勾脚之式。（图158）

3.右脚用力，周身上跃后迅速踏实，左脚随身下落踏地，发出连续两响。

4.两脚踏实，内含左勾脚右摆腿的打法。

意

当对方以扫棍向我击来时，即用此式踩踏对方的扫棍。

图 158

小结

第七十二式到第七十六式这一段，是练双脚、双腿进攻和防化、蹿高、纵后、前后移动的用法。

第七十七式　倒撵猴

倒撵猴

同第二十六式倒撵猴。

注意身体中正，不能起伏，脚钩、挂、铲、蹬，手抡圆。

第七十八式　白鹤亮翅

白鹤亮翅

同第二十七式白鹤亮翅。

注意：

1. 打成圆。横的圆、斜的圆、立的圆。

2. 整个身体舒展着转圆。

3. 脚步轻灵，落地无声。

第七十九式　搂膝斜行

搂膝斜行

理

转身转胯，物将掀起。重心平移，以臀部掘倒对方。

形

左弓蹬步，肩膀打出。

收右胯，再打出。

三直四顺。

1. 背折靠。右脚发力，经七个穴位至左膀尖，一定要做到手到脚到，沉右天机成左弓蹬步。

2. 童子拜佛。双手相合，手指朝天，双脚双膝相扣，周身收紧。

3. 化打、打化。双手左化右打，周身随手阴阳之化生，内丹之力发至右手掌、右脚，神聚，上弯弓。

意

同第九式搂膝斜行。

第八十式　开合

开合

理

此式为典型的一动十三劲俱现之式。

形

1. 接上式，开：收右胯，右手随胯打出开和合，左手随胯打出领和落，走圆。左脚实右脚虚。

2. 合：身体下沉，右脚提起（出）找方向（入），跨一大步后又虚步变实，同时胯打出迎和抵，左脚随之。

意

同第十式开合。

第八十一式　海底针

海底针

理

同第三十式海底针。

形

第二种海底针的打法，与前面的招式有所不同。

1. 接上式，左脚变实，右脚原地一虚一实转换，身体随之上下。

2. 左手向后拉起，由掌变勾手，同时左脚后撤，成右仆步。（图 159）

意

同第三十式海底针。

图 159

第八十二式 闪通背

闪通背

同第三十一式闪通背。

第八十三式 如封似闭

如封似闭

同第五式如封似闭。

第八十四式 单鞭

单鞭

同第六式单鞭。

第八十五式 云手

云手

同第三十四式云手。

云手的形有三种打法，一是圆的打法，二是左右分开的打法，三是前两种结合在一起的打法。此式体现体内背丝扣。

第八十六式　腰步

腰步

同第三十五式腰步。

注意要整劲蹿出。

第八十七式　高探马

高探马

理

进步要低，退步要高。

形

1. 左脚收回半步，脚尖点地。

2. 右手在胯前向上向后至头顶划弧，向下至前裆，手心向下，左手向右向下向上划圆至肋下。（图160）

意

1. 左手被对方双手擒拿，左手向前引化，拿住对方手腕，同时左脚尖内扣，向前向上钩

图 160

挂对方右脚，使之跌倒。

2. 左手被对方双手擒拿后，身体迅速往前蹿步，左手向上向前将对方的左手引化到对方脑后，同时，右手上提至对方右腋窝，左转身将对方摔出。

要求做到步要过人，身要欺人。

第八十八式 十字手

十字手

理

软十三不敢粘，十三翻处处翻。

歌诀

赵堡太极十三翻，

十字翻手凶又险，

手脚一圈一太极，

圈圈合劲敌倒翻。

形

1. 双手交叉成十字手，由下向上在面前旋转至腹前，左手在上，手心向下，右手在下成十字手，手心向上，落至双膝上。（图161、图162）

2. 左脚脚尖向上划圆在面前内摆从头顶落至右脚齐，双脚双膝内扣，变为双实步。

意

用法很多。

对方右手从我左前方打来，我即以右手粘其手腕，左手托其肘，圆转开合，以左脚上钩对方的脚，手脚合一劲，对方即栽倒在地。

图 161 ｜ 图 162

第八十九式　单摆莲

单摆莲

理

手脚并用，解脱困境。

歌诀

手腕被擒莫失掤，

肘下踢脚弹腿用，

一招多途人莫识，

也作白手夺刃功。

形

1. 接上式，周身向前跨一大步成左弓蹬步，左手随之向前压至左膝内侧，右手随之至小腹前，与左掌间隔一指之距。（图163）

2. 左手上迎抵至头平，右手向后向上抡圆从头顶变拳，右拳背砸在左掌背上。

3. 右脚向上踢至左臂肘尖外，再划向掌心，右捶同时从头抡向左掌背。右脚面与左掌心发出碰撞声。（图164）

图 163 | 图 164

意

1. 单手夺刀，手脚并用。

2. 对方抓住我的左肘和手腕，我左手肘上迎抵，右脚上踢至其擒手并将其摆脱，同时右捶砸其手。

第九十式　指裆捶

指裆捶

理

此式充分应用四大节八小节的背丝扣。

歌诀

瞻前顾后要谨记，

明了三节变化奇，

涌泉力发肩膀出，

裆挨一肘真魂失。

形

1. 手脚同时随身向后向右退一大步，成右弓蹬步。

2. 右捶随身向下向后打出铺地捶，捶心向裆。

3. 同时，左手变拳，拳顶落至左胯角，肘尖一定要做到擒拿，走圆。

（图 165）

图 165

意

1. 左肘击人。对方从我后面抱我，我以右肩由下而上滚其胸，用肘击其裆部。

2. 左肘擒拿。对方双手拿我腕肘，我腕肘走化后以右手变拳击其裆部。

第九十一式　领落

领落

理

此式含有赵堡太极拳典型的"称法"。

形

1. 重心移到左腿，成左弓蹬步。

2. 同时，右拳变掌，掌心向东南，由下向胸前抵出，高与鼻平，左拳变掌，由腹部向裆部落下，掌心向下。（图166）

3. 同第二式领落。

意

同第二式领落。

图 166

赵堡太极拳拳理拳法秘笈

第九十二式　翻掌

翻掌

同第三式翻掌。

第九十三式　懒插衣

懒插衣

同第四式懒插衣。

第九十四式　右七星下式

右七星下式

理

以身形化之，身手一体。遇强敌顺他之力，引尽其劲，反肘击之。

歌诀

仆步下引千斤势，

七星下势靠法凶，

瞄准七星往上打，

靠劲一发人腾空。

形

1.左手上迎至鼻前，右手随身下沉。

2.双手在面前绕一圈，随身右手立掌切至右膝内侧，左手上推至头顶。（图 167 ）

图 167

意

对方双手按我右臂，我反粘其手臂坐胯蹲身，引其劲落空。式中还藏有七星靠。

第九十五式　擒拿

擒拿

理

为身体变化之背丝扣。以拿化拿，蛋法。滚臂，含胸扣裆，变化妙无穷。

歌诀

解拿还拿妙手法，

滚臂採挒一刹那，

含胸扣裆腰劲发，

浑身都能把人拿。

形

1. 接上式，重心前移，右脚掌向前踏实。

2. 同时，右掌变拳，随身上提外旋收回胸前，拳心向里。

3. 左手外旋，手心向前划弧形，向右肘下伸出。（图168）

4. 重心左移，随即前移，右脚尖内扣向西南踏实，左脚跟上半步。同时左手转为手心向上，沿右臂外侧上抵渐渐变拳，拳心向下，按至腹前。

5. 右拳内旋转，拳心向下按，与左拳同高。（图169）

图168

图 169

意

肘窝擒拿。我右小臂被对方双手擒拿按住用力前推，我右臂滚压，要右拳开右手合天机屈伸来完成，以右肩上抵，左手推拿解之（从右肘下上拿其双手），右手转击其腹部。

理

以身法的滚翻、闪压来完成一动十三劲俱现。闪臂，瞻前顾后，前招即化，以左臂抡圆随身转向后方击对方迎门，破身后之击。

歌诀

以臂粘臂摇滚化，

膝提足蹬防带打，

气敛入骨松腰胯，

回头看画上下发。

形

1. 左拳外旋转拳心向上、向左、向下打出，高与肘平，与左脚对齐。

2. 左脚提起向左后摆一步，落下变实，脚尖朝东，右脚内扣向东南。身体随之后摆。

3. 右拳随身移到右胯前。（图170）

图 170

意

左拳迎抵，右拳出入。解脱右手之擒拿手，后边对方右拳击来，我即周身急翻转，用左拳抢拨拳迎面砸去，以右拳冲击其胸部。

第九十七式　进步指裆捶

进步指裆捶

理

充分体现出五行动作之威力，回头看画未能避开身后之敌，即用右腿缠绕击翻对方，用右拳击其阴部。捶钻。

歌诀

顺化前臂近敌前，

进步进身绝招现，

看准五虚险处用，

周身合力捶以钻。

形

1. 右脚向前跨一步，身转，左脚外撇，右脚钩、缠、铲，成左弓蹬步。

2. 同时，右手外旋向后、向上经胸前打下置于裆前，拳眼向里，拳顶向下。

3. 左拳弧形收回至左膝上方，拳心向上。（图 171）

意

对方从我正面用右手击来，我以左手臂迎抵，进步将右拳从头顶向下直捣对方裆部。

图 171

第九十八式　黄龙绞水

黄龙绞水

理

以身化拿，舍己从人。

歌诀

擒臂虽凶走化精，

舍己从人卸无形，

应物自然给肩肘，

如龙绞水拔其身。

形

1. 身体后转变右弓蹬步。

2. 双手同时向右向下抓至右膝外绕一圈。（图172）

3. 右脚随身向右前方迈一大步，双捶随身击至对方胸部。右拳心向上，左拳心向下。（图173）

图 173

赵堡太极拳 108 式规范拳架

意

对方双手拿我右臂肘向后拧压，我顺其势配合身法抱其下肢、绞起、抛出。

第九十九式 如封似闭

如封似闭

双拳变掌。其余动作与第五式如封似闭同。

第一百式 单鞭

单鞭

理

与第六式单鞭相同。

形（第三种形）

方向与第六式单鞭相反。

1. 右脚扎实，左脚向左迈出一大步变实，右脚随之虚点地。双手随。

2. 右手在左胯变勾手，左手催之自左往右推到右膝上方，右脚向右迈出一大步变实，左脚随之，脚尖虚点地。

3. 身体下沉，左脚向左迈一大步，左手掌随身体平拉推向左方，右手变勾手。（图174）

4. 定式，左手低，右手高，三直四顺六合。

图 174

意

同第六式单鞭。

第一百零一式 左七星下式

左七星下式

右勾手变掌，其余动作同第九十四式，唯左右相反。（图175）

图 175

第一百零二式　擒拿

擒拿

理

与第九十五式擒拿相同，唯左右相反。

形

1. 右脚变实，左脚收回半步。

2. 同时，右手从左肘尖下沿左臂外侧上绕，渐变拳，转拳心向下按至右胯旁，拳心朝外；左拳转拳心向下按至左胯旁，拳心朝外。（图176、图177）

3. 身向正西。

图 176
图 177

赵堡太极拳 108 式规范拳架——

177

意

同第九十五式擒拿。

第一百零三式　进步砸七星

理

歌诀

双手被封知转换，

手肘胸腹皆是圈，

提膝护中退即进，

对方跪我七星前。

形

1. 左膝提起至腹前，同时，提双拳到胸前成交叉手，小臂背相合。左膝藏在交叉的双拳里。

2. 左腿随身上提至左膝与胯平，右脚发力，双拳在胸前交叉，由内向外随左步向前蹿一大步，在左膝前交叉落下。

3. 双手交叉落在脚尖前。（图178、图179）

意

对方双手抓住我双手前按，我含胸，双手滚动反拿其双手，身下蹲，对方即在我面前跪倒。

图 163 | 图 164

第一百零四式　退步跨虎

理

退步跨虎

歌诀

如虎扑来样凶猛，

卸其来势退法应，

左钩右掤散其力，

以柔克刚不丢顶。

形

1. 左脚发力向后纵一大步，左脚随即收回，脚尖点地。

2. 同时，双手从左右随身向上合掌于面前。

3. 右手上推至头顶，左手变勾手划弧至左臀旁。

4. 右脚实，左脚尖点地，身体下蹲。（图180、图181）

图 180
图 181

意

对方用双拳向我右侧凶猛击来，我退步以左勾手开合、右手迎抵卸其来势，以静待动，视其变化发招。

第一百零五式　转身

转身

理

歌诀

转身妙势抱太极，

身圈带动数圈至，

掤捋挤按瞬间发，

引化千斤不为奇。

形

1. 身体下沉，提起左脚与左手齐。

2. 右脚跟为轴，双手、左脚同时随身向右向后转，至西南方稍下按，但左脚不得落地。

3. 面向南，左脚向左前方迈一大步，左手略高于右手，两臂在胸前撑一斜圆，双手指尖相对，手心向外，相距一拳，略高于胸。（图 182）

意

对方从我身后用拳击来，我急转身，双手以迎抵出入连续发出，对方即应声跌倒。

图 182

第一百零六式　双摆莲

理

双手手臂迎抵，脚踢、摆、挂。

双摆莲

歌诀

赵堡太极架独特，

式式相连步步深，

双摆莲击破双腕，

功夫不纯难应心。

形

1. 身体下沉，双手双臂随之内收。

2. 右脚提起，由左肘尖划弧圈外摆。

3. 同时，右脚面先后拍打左、右手掌心，掌根内合，发出双响，定，双手仍保持环形。（图183）

图 183

意

双腕被对方抓住，我即向右一引后以右脚摆踢其双腕。

第一百零七式　搬弓射虎

搬弓射虎

理

歌诀

搬弓射虎应后入，
双手採捌臂撑圆，
手臂肩胯合整劲，
发人犹如箭离弦。

形

1. 接上式，身体下沉，左脚力催，右脚向后一大步成右弓蹬步，双手随之落到右膝前。

2. 双手上捧至鼻前，变双拳，迎抵对方，右胯稍下坐，右肩领，形成吹喇叭状。（图184）

图 184

赵堡太极拳拳理拳法秘笈

意

我脖子被人从背后扣住，我顺其势双手护喉，右臂迎，左臂顶其双手并向前撑圆，将对方从右肩方向抛出。

第一百零八式　领落

领落

理

彼不动，己不动，彼微动，己先动，我意在先也。先下手为强，后下手遭殃。自窥、悟。

歌诀

太极图圆无始终，

全在阴阳变化中，

开中有合合中开，

循环往复转无穷。

形

1. 双手变掌，右手立掌随右肩膀向前推出，左手掌上撑置于头顶。重心移到左腿，成左弓蹬步。（图185）

2. 同第二式领落。（图186、图187）

3. 此式为赵堡太极拳"收式"。（图188）

图 185 | 图 186
图 187 | 图 188

意

黑虎掏心,左手迎抵,右手同样迎抵,肩入胯出,气由丹田发到四梢。

此式为赵堡太极拳"收式"。

赵堡太极拳

独门秘笈

基本原则

七个规则
示范解析

七个规则

空圈、三直、四顺、六合、四大节八小节、不撇不停、不流水。

1. 空圈。一势一势都练成空圆圈，即是无极，即是联。故每势以转圆为主，不须断续，不须堆洼。如此做去，方为合格。

2. 三直。头直、身直、小腿直。三者何以能直？细分之是不前俯、不后仰，不左歪、不右倒，不扭膀、不掉胯，自然上下成直。

3. 四顺。顺腿、顺脚、顺手、顺身。四者何以能顺？细分之是手向左去身顺之去，腿向左去，脚亦顺之去。唯顺脚时，先将脚尖撩起，随势而动，切记不可抬高移动身之重点。向右顺亦然。

4. 六合。手与脚合，肘与膝合，膀与胯合，心与意合，气与力合，筋与骨合。

5. 四大节八小节。两膀两胯为四大节，膀为梢节之根，胯为根节之根，周身活泼全赖乎此。八小节：两肘、两膝、两手、两脚。节节随膀随胯运动，勿令死滞，自能顺随，与膀胯为一。

6. 不撇不停。每动一招，左手动右手不动为撇，右手动左手不动亦为撇。脚之作用与手同。不到成势时止住是为将劲打断，名曰停。犯此无论如何锻炼，劲不连接，终无效用。

7. 不流水。每一招到成时一顿，意贯下招，是为势断意不断。如不停顿，一混做去，谓之流水。犯此，到发劲时，因势无节制，劲无定位，必致劲无从发，此宜深戒。

七层功夫

一圆即太极，上下分两仪，进退呈四象，开合是乾坤，出入综坎离，领落错震巽，迎抵推艮兑。

第一层：一圆即太极。此层从背丝缠丝分出阴阳，其练是缠法，其用是捆法。

第二层：上下分两仪。此层阳升阴降，阳轻阴重，其练是波澜法，其用是就法。

第三层：进退呈四象。此层半阴半阳，纯阴纯阳，互为往来，其练是猛法，其用是伏贴法。

第四层：开合是乾坤。此层天地相合，阴阳交合，其练是抽扯法，其用是撑法。

第五层：出入综坎离。此层火降水升，水火沸腾，其练是催法，其用是回合法。

第六层：领落错震巽。此层雷风鼓动，有起有伏，其练是抑扬法，其用是激法。

第七层：迎抵推艮兑。此层为口为耳，能听能问，彼此通气，其练是称法，其用是虚灵法。

独门练法

杜元化《太极拳正宗》云：赵堡镇太极拳只"太极之先，天地根源"二语尽之，何则太极，即天地也，太极之先即无极也。天地根源，天地乃太极也，根源即无极中之背丝扣也。背丝扣即为天地根源，即为太极之母也。

其中，动作招招混圆，与天地之无极同，由招招混圆历三直四顺六合等人身之混圆而造为背丝扣，与天地根源同，即与天地之根源同，则人身之背丝扣，非即为人身练太极之母乎？即为人身练太极之母，则太极拳之基，实肇于此。太极拳之基，既肇于此，则其中所练之两仪四象八卦，诚无不肇于此矣。

人身即天地，天地即太极，太极之内分出先后天，练斯拳者，以后天引先天，其中有无数层折，均须一层挨一层，不得猎等，否则无效，练至心肾归丹，催动铅汞，安轴安轮，并且与天地合德，指人腹背而言，与日月合明，指人耳目而言，与四时合序，指人肺肝而言，与神鬼合吉凶，指呼吸而言，能明此，延年益寿。

天人之关系。一是天地有三直：上、中、下；人身亦有三直：头、身、腿。二是天地有四顺：寒、温、暑、凉；人身亦有四顺：手、身、腿、脚。三是天地有六合：上、下、前、后、左、右；人身亦有六合：手、脚、肘、膝、膀、胯。四是天地有四大节：春、夏、秋、冬；人身亦有四大节：两膀、两胯。五是天地有八小节，四立：立春、立夏、立秋、立冬；二分：春分、秋分；二至：夏至、冬至。人身亦有八小节：两手、两肘、两膝、两膀。

据此，以下列两个表格（表1、表2）解析说明，并以太极之先天地根源（图189）、背丝扣（图190）和一人一太极（图191）三个示意图来帮助理解之，引用黄帝内经图来佐证。

祖师曰：天地未分之前，宇宙一片混沌，呈混圆无极状态。恍兮惚兮其中有象，惚兮恍兮其中有物。恍恍惚惚阳中似乎有阴，恍惚之际，又觉不仅阳中有阴还像阴中有阳。虽然阴阳未分，似乎又有阴阳充塞其间，彼此消长，此后阳升阴降，天地立分，太极成矣。蒋发所传赵堡镇太极拳，把天地一太极和人体亦作一太极进行类比，用"太极之先，天地根源"来溯其根源。天地即阴阳，即宇宙自然的无极，其根源是无极中之背丝扣，即为练太极拳之母。

师传蒋老夫子所传赵堡太极拳，因其中动作招招混圆，与天地无极同，由招招混圆历三直、四顺、六合等，人身之混圆而造为背丝扣，练太极拳之基实肇于此。其中所练之两仪、四象、八卦诚无不肇于此。

人与宇宙同根，人体是小宇宙，宇宙自然有其运行规律，其中万物亦无不外乎此，名之曰"道"。老子《道德经》第一章"道可道，非常道……"其实道无形无象，先天地生，独立而不改，周行而不始，但它确实存在，并充塞于宇宙天地之间，对人体而言，就像承载生命的密码——基因和染色体一样，根据人体基因所组成的染色体上所承载的密码，人体长成，按这个信息活动于天地之间，宇宙天地的运行也是按照这样的密码信息在周而复始地运行。道即无极，即背丝扣，道生一，一生二，二生三，三生万物。无极生太极，太极分两仪，两仪生四象，四象生八卦加五行转动，十三劲俱现。非经空圈、三直、四顺、六合、四大节八小节、不撇不停、不流水七项规则去演练，就不能全部彰显出来。这就像人体的背丝扣，如基因和染色体所承载的生命密码一样，人体的一切活动，都离不开它的支配。练太极拳也必须按背丝扣所蕴含的人体道性密码进行修炼。道者动之反，道性逆向，后天返先天是也。故天地一太极和人身一太极都实肇于背丝扣，亦即道，这是太极之基，其中的两仪、四象、八卦等自然皆出于此。故练太极拳要与宇宙人体之道相合，按无极背丝扣中所含七项规则等道性规则次第修习，才能彰显背丝扣之妙用。

祖师曰：赵堡镇大极拳只"大极之先，天地根源"二语尽之。

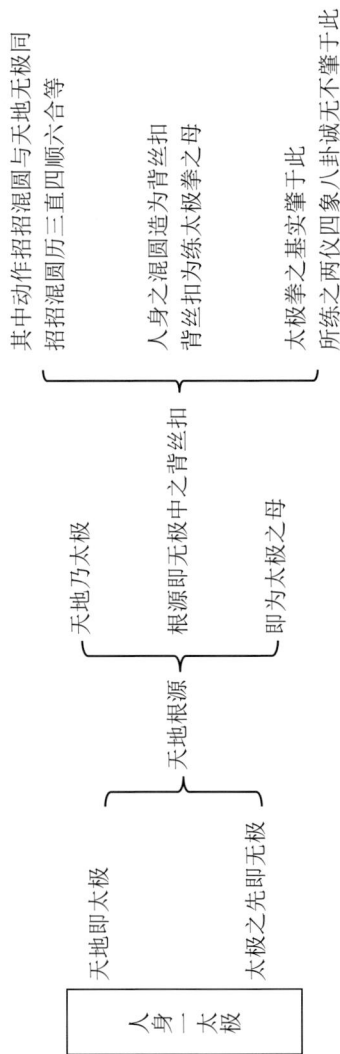

表 1

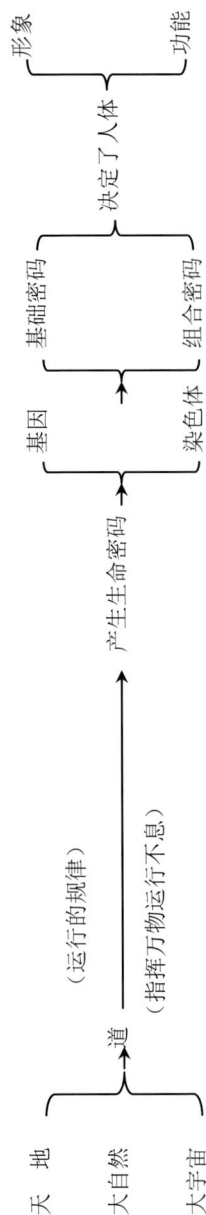

表 2

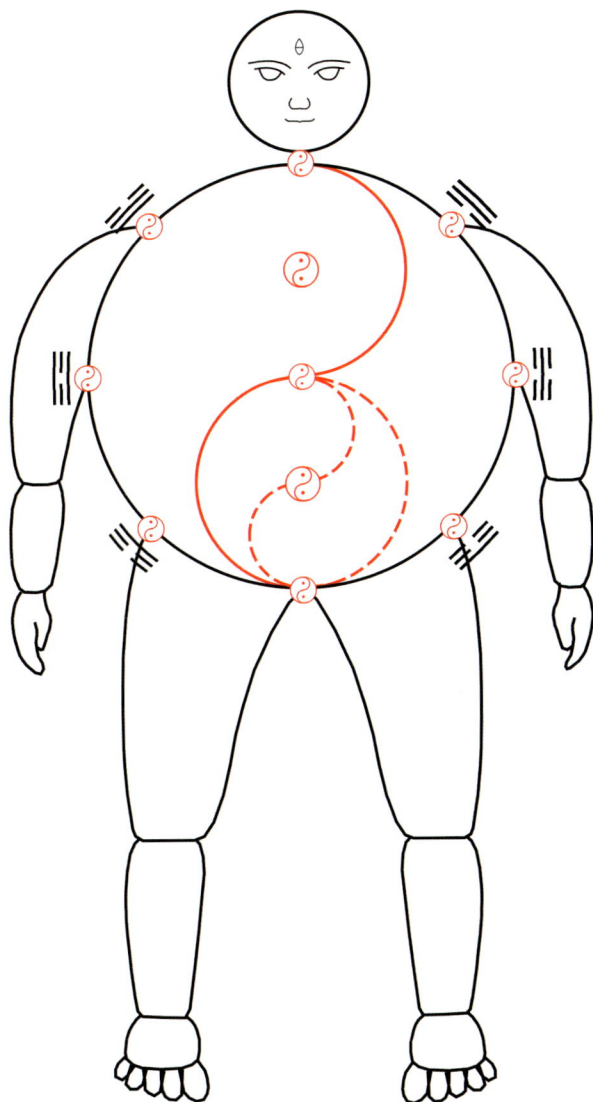

图 189　太极之先天地根源示意图

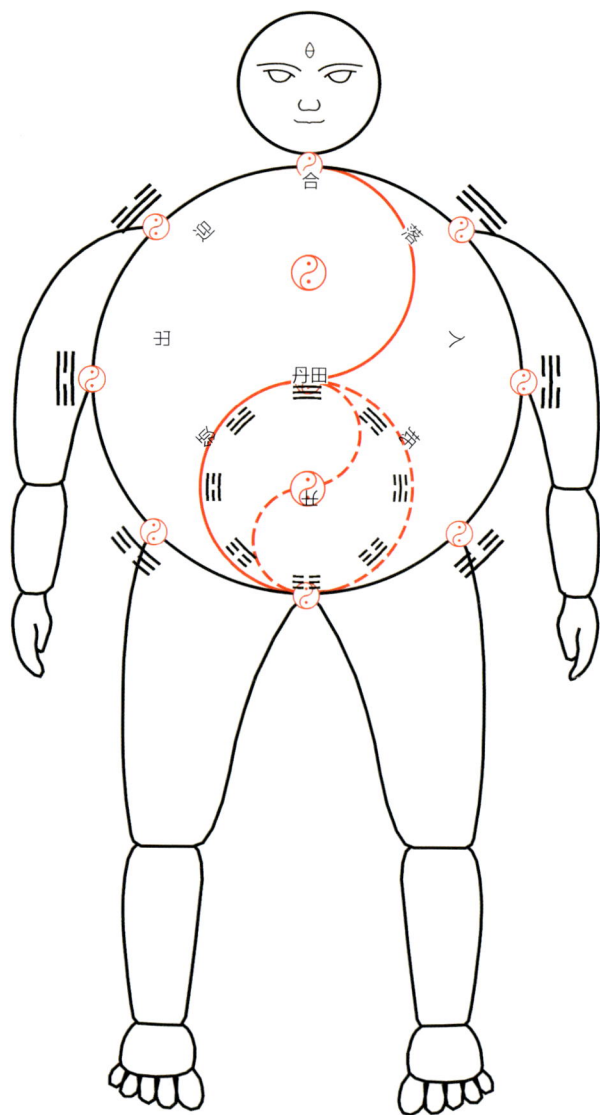

图 190　背丝扣示意图

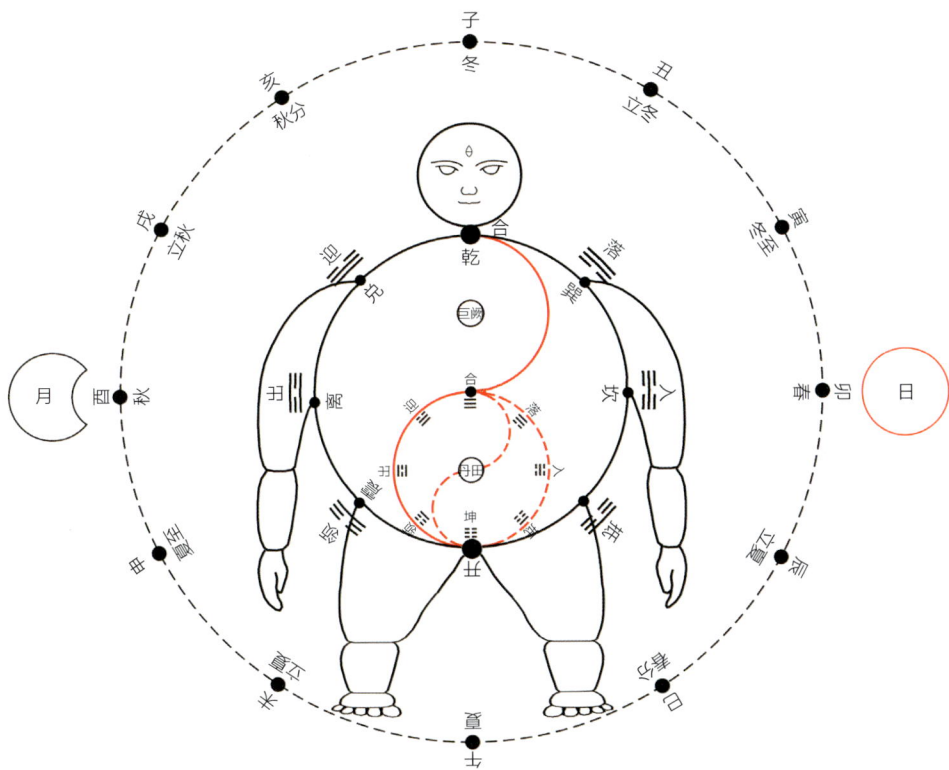

图 191　一人一太极混示意图

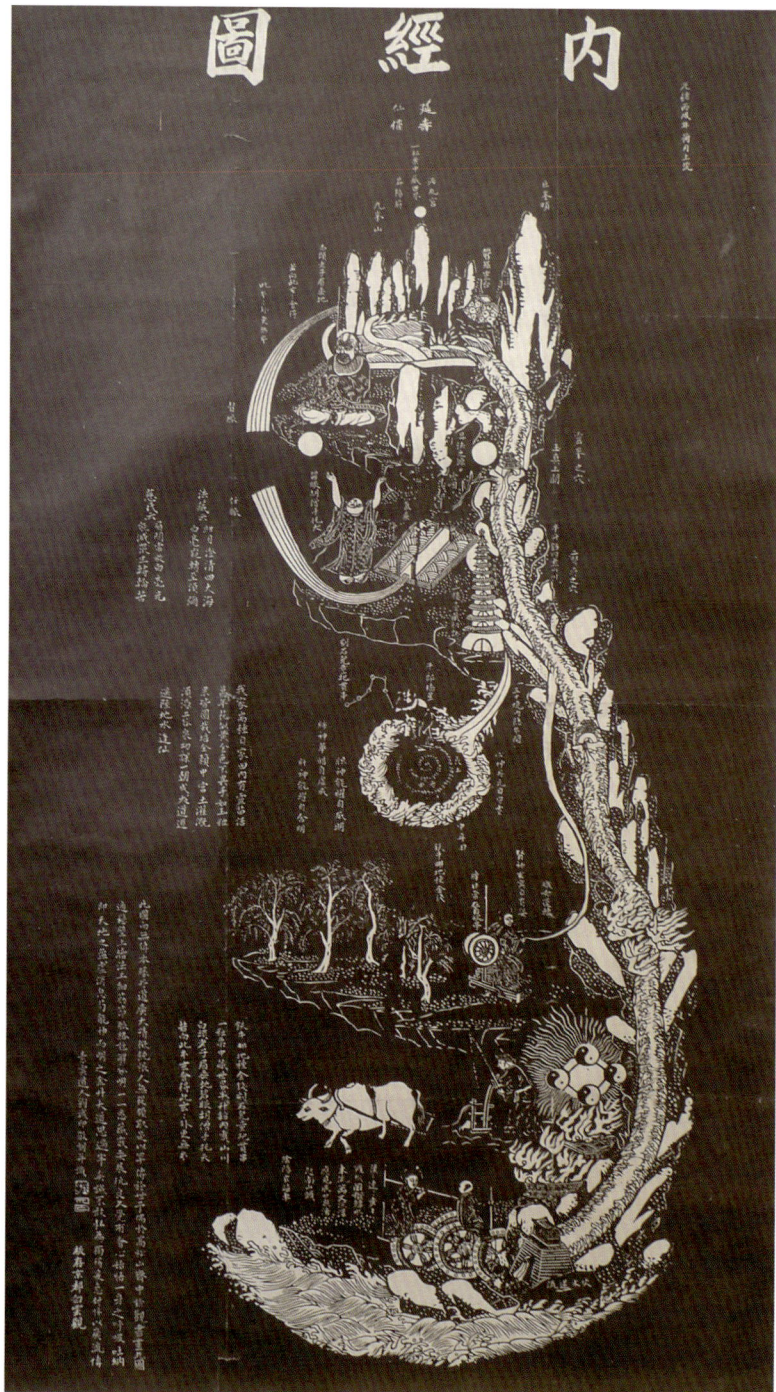

图 192　北京白云观《内经图》拓片

北京白云观中所藏木刻黑白版《内经图》是道家内丹养生修炼的千古秘诀，该图也称《内景图》，亦名《延寿仙图》(图 192)。

《内经图》为人形构造侧面景象，以山水图画隐喻内丹修炼的基本内容，图内分别标注有上、中、下丹田，任脉、督脉和尾闾、夹脊、玉枕等与养生密切相关的经脉穴窍。外围重线上下部分的组合喻示"形与神俱"，内部田林关隘、河岳人物等自然景观暗喻"天人合一"。清代道士刘素云在付梓刻版的白云观木刻有题记云："此图……绘法工细，筋节脉络注解分明，一一悉藏窍要。展玩良久，觉有会心，始悟一身呼吸吐纳即天地盈虚消息，苟能神而明之，金丹大道思过半矣。"

赵堡太极拳深得道家"天人合一"养生之精髓，倡导与天地合德，与日月合明，与四时合序，与神鬼合吉凶，以神运精气，促进上、中、下三丹田、任督二脉循环周流，达到增强体质、抵抗疾病、延年益寿之目的。

重要秘诀

秘诀一

> 顺项贯顶两膀松，束肋下气把裆撑。
>
> 威音开劲两捶争，五趾抓地上弯弓。

第一句：

顺：顺畅，没有阻力。项：支撑头部的颈椎骨。贯：上下畅通。顶：身体最高的部位，即泥丸穴。膀：前面为肩，后面为膀。松：全身肌肉放松。

舌根后抽（略收下巴），使气入泥丸穴，使两膀放松。顺项贯顶是果，两膀松是因。

第二句：

束：捆、收紧的意思。肋：肋骨。下：下沉。气：血的流动。把裆撑：上虚下实。

收紧胸肋，使气下沉，把裆部撑圆，做到上虚下实。束肋下气是果，把裆撑是因。

第三句：

威：凶猛、凶狠的意思，形容功夫纯厚之人发出的吼声。音：声音；开：爆发。劲：肌肉的崩弹。两捶争：气贯四梢，发至两掌的力。

以声催力，使从丹田爆发出来的气达四梢。

第四句：

五趾：单脚的脚趾。抓地：吸大地之精华，使周身稳固。上弯弓：周身都要神聚，精神高度集中，即神到、意到、气到、力到，做到"劲整神聚"的境界，做到内三合。

练拳时精神为主宰。

秘诀二

举步轻灵神内敛，莫教断续一气研。

左宜右有虚实处，意上寓下后天还。

第一句：

举：抬起。步：不仅是步伐，还包括脚、腿部。举步，包括了周身的运动。轻：轻巧。灵：灵敏、灵巧。神：精神。敛：集中。神内敛：神聚天根，明确目标和方向。

一动周身轻灵，思维器官高度集中，全神贯注于天根，产生了意，做到心与意合。

第二句：

莫教：不允许、不要。断：一式未做完就停下来，套路不完整。续：

呼尽后动作没到位时还要继续做该动作，延误时机。一气研：在一式中要分清十三劲及各劲的意图，不能混沌，不能只一个劲。

第三句：

左：左边。宜：容易有、适宜。右：右边。有：存在。虚实处：寻找对方的受力点或倒下点。

第四句：

意上寓下：上面受攻击，我意从下面击打对方；下面受攻击，则我意从上面击打对方。充分利用三节的关系做到一动十三劲俱现。还：还原。后天还：通过后来的实战经验积累和总结提高形成技击上的本能反应，还原是太极的阴阳本意。

此主要运用于技击方法。

秘诀三

拿住丹田练内功，哼哈二气妙无穷。

静分动合屈伸就，缓应急随理贯通。

第一句：

拿：掐。住：稳。丹田：下丹田。拿住丹田：通过天机转换，在丹田形成背丝扣，进而发出一动十三劲。练：练习、锻炼。内功：身体发出或反射出来的力量。

第二句：

哼哈：指呼吸。妙：精微、精妙。无穷：没有尽头。

一呼一吸，太极。在每个招式中，用哼哈二气使丹田气贯到四梢、聚回丹田，完成太极的阴阳转换，实现一动十三劲俱现。

第三句：

静：没有任何动态后的状态，神聚，思维器官高度集中。分：开、化。动：一动即发，是静的反义，改变原来位置。合：气与力的结合，两物结合起来。屈：收缩、收紧。伸：展开。就：完成、成功。

通过思维器官的观察，做到心与意合。在身体屈与伸的过程中，完成气与力的结合。

第四句：

缓：慢。应：应对。急：快速。随：跟随。理：道理、拳理拳法。贯通：完全了解。

在对方进攻时，神内敛，自己要知道要做什么、用什么方法应对，急随是身体的本能反应，达到内三合，随心所欲运用本门拳理拳法。

此主要运用在击倒对方。

秘诀四

蒋发先师曰：

筋骨要松，皮毛要攻，节节贯串，虚灵在中。

秘诀五

邢喜怀先师曰：

知气养而增命，善竞扑而全身。

习拳之妙在于：阴阳之化生，动静之机变。知气养而增命，善竞扑而全身。

气何以养？寅时吐纳，神守天根，意沉海底，心静息寂，神意互恋，升降吞液，腹中如轮，旋转循规。是以知水火之和，气为两肾所趋，此人身性命之本，须刻刻留意。

扑何以善？手脚四肢皆听命于心神，动静虚实随意气而定取，上动下合，左转右旋，前移后趋，唯心神之所向，意气之所使也，腰为真机而贯串肢节，势无所阻是故内意者为用耳。

1. 赵堡太极拳总纲。

阴阳   化生——理

之

动静   机变——形

2. 乾坤颠倒颠。以精化血、以血化津来滋养身体的练功方法为乾坤颠倒颠。

3. 流行者气，对待者数，主宰者理。流行者，即规范；气，呼吸；对待者，即熟悉（用法）；数，意图；主宰者，即自如；理，阴阳化生。

4. 与天地合德，与日月合明，与四时合序，与神鬼合吉凶。明此方能延年益寿。

5. 规范：是指每一动作都要心与意结合。意：一是攻防意识，二是四肢出入目标明确，三是须知天机的应用。

6. 太极拳圆的运动原理：将物掀起而加以挫力。

7. 要用每式的"理、意"和姿势结合，方能入神。

8. 背丝扣。背丝扣是赵堡太极拳的独特练法，是太极拳之母、人体内的无极，是七个规则的结晶，是整个人体太极之路线。

六阴六阳是背丝扣的动作体现和运用结果，是实现一动十三劲俱现的基本要求。以双手的运动为例说明之。（图193）

图193 "六阴六阳"图（来源：《杜元化〈太极拳正宗〉考析》）

两手在做空圈的动作时，每只手都不断地从阴变阳，又由阳变阴。双手的阴阳转换在交替进行着，左手如果处于阳，右手则处于阴。左手处于六阳则右手处于六阴，左手处于五阳一阴则右手处于五阴一阳，左手处于四阳二阴则右手处于四阴二阳，左手处于三阳三阴则右手处于三阴三阳，左手处于二阳四阴则右手处于二阴四阳，左手处于一阳五阴则右手处于一阴五阳。反之亦然。

同理，一只手的动作以及四大节八小节中的每一个关节和周身的着力点都可以分出六阴六阳。

9. 一动十三劲俱现。八法：开合、出入、领落、迎抵；五行：进、退、左、右、中。此八法五行为十三劲名称。

10. 上弯弓：身虽动，心贵静，临危不乱，思维只管保持冷静不乱，最难得。

11. 一定要做到粘、连、黏、随，不丢不顶。粘：贴紧，内因"皮毛要攻"。连：通气，内因"通气法"与敌连成一体。黏：合为一体，让敌甩不掉，"舍己从人"。随：差米填豆法，也叫"就法"，化拿、拿化。

12. 借力打人。力从人借，对方发给我身上之力，我顺对方之来力的方向转引给对方，并加上自身之力。

13. 远打用手、近打加肘，远打用脚、近打加膝，远近皆打，手脚并用。

14. 挨到何处何处击。要做到推手演练中，挨到何处何处击，浑身是手。

15. 拳打一条线，步法要准。

16. 在太极拳套路演练中，每个姿式都要做到护五虚：即上护咽喉下护阴，左右护肋中护心。

17. 要啥给啥，舍己从人。

18. 打即过，过即打，其理一也。

19. 三节之变。人身分多少个三节，一节之中有三节。

1. 练拳要讲意：意是每个动作的攻防意识。赵堡太极拳最高境界是一动十三劲俱现。十三劲的变化是混圆由天机来指挥完成的，周身混圆是帮助意来完成攻防的办法。

2. 一定要遵循赵堡太极拳的独门练法，才有本门的练拳效果。不可掺杂旁门之术。这是赵堡太极拳的体系。

3. 练好武术，就像完成一道算术题，要去窥悟：

手 + 脚 − 肘 + 膝 × 胯 + 肩 ÷ 臀 + 头

= 迎 + 抵 − 开 × 合 + 领 + 落 ÷ 入 + 出

= 前 − 后 × 左 ÷ 右

= 定

这一道"算术题"是我几十年教拳传拳用拳之高度概括。

它要求：练习每一招式时，要做到面前无人当有人，与人交手时，要做到面前有人当无人；一定要懂得每个动作里的攻防意图；御敌的手法、步法、身法的动静机变；要准确认定对方在动作变化中的滞点、死点、变化点、着力点、发力点和倒下点；要巧妙运用自身阴阳之化生，以柔克刚，真正做到借力打人和挨到何处何处击；要感悟和清楚力发何处，并通过哪些部位和关节达到着力点。只有进入这种境界的练习程序和意念，才能够进入修炼的高层次阶段，达到神意高度集中，思想意识阶及神明；才能够把练拳和交手结合一体来演练；才会出现当今社会上所流传的"练赵堡太极拳到一定的境界，会有鬼找你打架"的玄影。

总之，"算术题"是练拳经验的凝练，是写在纸上的"公式"，要有真正的功夫则要刻苦练习，可谓纸上得来终觉浅，绝知此事要躬行。

4. 循循善诱：方法 + 操作 + 道。

循序渐进：渐悟 + 体感 + 随心。

5. 吾问师曰："练拳时，不要用力我力大无穷。与人交手时，要用力我一点力都没有。"师曰："心急吃不了热豆腐。"

6. 熟能生巧，巧中有理。每条规则都有一种永久不变的规律、原理：一是在古籍的书中，二是在活着的人的脑中，三是在实践中，学习归纳、悟道。

7. 练拳时，面前无人当有人，交手时，面前有人当无人。完成每个动作里的攻防意图。

8. 推手过程中，手管手、肘管肘、脚管脚、膝管膝；一定要遵循空圈、三直、四顺、外三合。

9. 推手中，手要吃人，步要过人，身要欺人，神要胜人。

10. 推手过不去的时候，找生门，不能让对手引自己入死门。能变化的是生门，不能变化的是死门。初学者找出一个生门，本领高深者能找出多个，甚至能够找出十三个生门。意在先者赢，推手中比的就是，谁理解应用得好，谁为胜者。

11. 认真领会推手和套路之间的关系，技艺是姿势的本能，充分体现"练拳时面前无人当有人，交手时面前有人当无人"是你大脑中的"神意结合"的重要性。

12. 实战中，应做到彼不动，己不动，彼微动，己先动，我意在先也。先发制人，我意为先。悟：先下手为强，后下手遭殃。

13. 以拿还拿，以身化拿，左右上下浑身无处不是拿和化。

14. 套路要练成一圆。没有式完，只有气尽。

15. 神宜舒：很镇静，没有一丝慌乱的样子。

16. 松腰：要做到完全松腰，头上领，身下沉，也就是悬顶坠臀，拉开脊椎之间的关节，使脊椎运动自如。使背后的两条大筋气血畅通，上入泥丸，气沉海底。

17. 以退为进，阳中有阴，出人意料。

18. 屈要屈得下，展要展得开。落脚如古树盘根，起脚似山崩地裂。

19. 身体要做到"进步要低，退步要高"，如腰步和高探马的步伐。

20. 始而勉强，久而自然。

21. 破除太极拳在人们心目中是个可望不可求的东西这一印象。太极拳并不是神乎其神的东西，它是古人搏击时积累的技击方法和技巧。要练好、掌握它，必须刻苦磨炼自己的肉体和筋骨。所谓"功"，为深刻窥悟其内涵精华实质；所谓"艺"，把这些方法与技艺融会贯通为一体，将它运化自如，最后与人交手能达到人不知我我独知人的境界。

要　诀

要诀解析

1. 理无拳不明，拳无理不精。

2. 手逢胯角起，手遇脚尖落。

3. 窥得其中秘，方知天外天。面前有手不见手，面前有肘不见肘。

4. 左右摇晃艺不高，松肩藏肘逗英豪。

5. 功要练成软如棉、硬如钢、滑如鱼、黏如鳔。

6. 前腿似趵，后腿似夵（篱笆墙的木桩）。此为古籍中的原文，我理解的意思是：每一个弓蹬步都要前脚用力抓地，后脚像"夵"一样扎在地下不能移动。

7. 外家练形气，内家练神理。

8. 一层功夫一层理。自身练到几层功夫，你才能懂得几层理的内容。

9. 打人不露形，露形必不赢。一定要内含而不露。

10. 静如处子，动如猛虎。松要松得下，起要起得开。

11. 能神通不可语达，可意会不可言传。

12. 气须敛，多处力集中在一点上。

13. 拳理拳法秘诀俱可得之师传，但临阵发挥和现场应变，谁也难教成。

14. 纸上得来终觉浅，绝知此事要躬行。

15. 横目斜视千万朵，赏心只有两三枝。

16. 筋长一寸，寿延十年。

赵堡太极拳

的独特用法

一、塞瓶口

"塞"为堵的意思，"瓶"比喻人的身体。"口"出入气的地方，人身的发力点。"塞"和"挡"字有区别。

真意：与人交手让对方发不出劲来，也就是七层功法中的"称法""通气法""摄魂大法"。这是赵堡街自古留传下来的，听起来真有一点玄乎，但是，实是一种奥妙，交手技艺，神技。

要做到塞瓶口：

1. 必须在练套路纯熟懂七层功法运用的基础上，懂人身上经络的运行和穴位。

2. 必须纯熟掌握太极拳阴阳变化之理。

3. 必须熟练掌握太极拳推手中的运用变化，尤其是掌中六阳六阴五行变化。懂得借力。

4. 在交手时不可舍近求远，化、打应用要自如。

5. 懂得呼吸在交手之中"发"与"过"的关联。

二、捣瓶底

破除对方塞瓶口的技能。

三、王屠捆猪

王屠，人名；捆，绑的同义；猪，动物。

此法是背丝扣的体用，在敌进我退时，我仍然顺敌之力，右手腕领，右手腕后领上引，左手接其肋催，整个身形后退，右脚后撤到左膝内侧，上提到右臀下旋起。此时，敌身已进入，我身右侧敌右脚已踏入我左脚内侧，敌右脚未稳之际，同时，我身上涨，提在右臀下之脚轻灵、稳准绕其身后踏至敌左脚跟后，我右手引其右手下划至敌左胸前压往其左臂，我左手脱其肋、推其右肩膀，使其身内旋，我身趁势下压，我自己右脚尖内扣，使敌右翻，整个身体压在我右弓腿上，敌头倒在我身左侧，双脚离地面朝上被捆住。

四、张飞推磨

当头部被右拳击，右手管住对方手腕，用左肘打对方右肘，使对方从右侧跌倒。

五、差米填豆

形象生动地描述了在瞬间击发时攻守双方的肢体状态，为赵堡太极拳的一个核心技击理念。豆的体积大于米粒，对方让一粒米的空间，我却填进一颗大豆的体积。填进一点假劲，引出对方真劲，这时就可以有的放矢了。这是进攻前必须要做的。

六、偷宫移步

左脚移到对方后脚跟、内扣，全身压向对方欺人。

七、蛋法

隐蔽意图，出其不意地狠击对方，巧出毒招。例如玉女穿梭双蛋法。

八、吃窝还饼

使用相同的招式，运用不同的打法进行回击。

九、建前堂

对方以匕首直刺我心窝，我以右手抓其握匕首的右手腕，顺其力，用我右肘推其刀锋向对方咽喉刺去。借对方随后仰之机，我的左手心上抵对方肘尖，右手乘机下捌折其右手腕，使其匕首脱手，我即拿匕首向对方心窝刺去。暗藏杀机，慎用。

十、金鸡捏嗉

嗉，禽类喉咙下装食物的地方。即在建前堂中拿住对方的手腕让对方跪倒在前面的一个典型用法。

十一、通气法、称法

作用力与反作用力。即在推手中知道对方来的力源并接收下来（借到身上），再将对方之力送回给对方。

十二、找生门

1. 右脚外旋，右手随之找脚尖。
2. 左掌找五虚，手、脚同时找生门。
3. 右掌由死门到变化（应用点）落入右脚旁（外侧）生门。
4. 周身走立圆，右脚钩挂上弯弓。

十三、化与打

化即打，打即化。在赵堡太极拳中，打与化是同时进行的。

十四、迎门靠

1. 右手掌，上内旋，肘肩随之。

2. 右脚尖，随右手掌内旋，右臀随之。

3. 左手掌心按左胯窝，随身内旋随之。

4. 左脚跟内转。

十五、背折靠

左肩、膀由下向上，弧形向上迎抵击打对方。脚到手到。

除此之外，赵堡太极拳还有许多其他独特用法，例如：铁板功法、顺手牵羊、肋下靠、进步靠、七星靠、左右十字手、左白鹤亮翅、右白鹤亮翅、左野马分鬃、左高探马、右高探马、跌岔、玉女穿梭、左合掌挤、右合掌挤、千斤坠、四打一开、大鹏展翅、如虎扑食、黑虎掏心、骑马蹲裆步、铁板桥、右肋下肘、闪臂、臀坐、悬顶坠臀法、头顶日月、怀抱乾坤、脚踏五行，等等。

太极十三式

起源图解

本太极拳

太十三式手

极法始由天

拳道起中包

十六十四势

三每势要练

式够十三字

手即一圆两

法仪四象八

起卦是也末

原以天道终

之余师云

图苟非其人

道不虚传

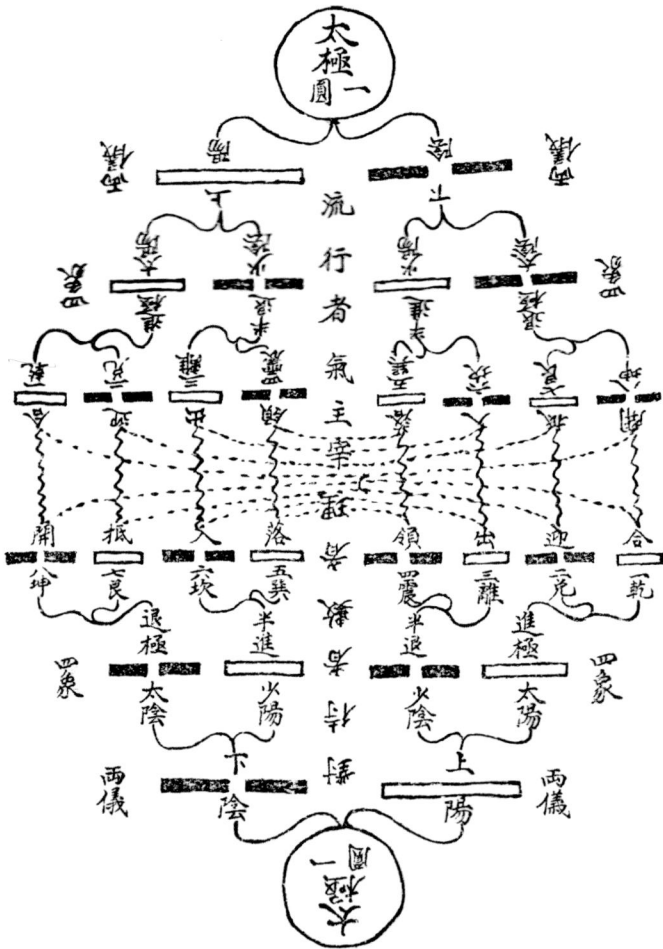

图 194　太极拳十三式手法起源之图

关于赵堡太极拳十三式手法起源之图的阐释如下。

一、流行者气

气是人体内五脏六腑、筋骨血肉能运行和四肢百骸能运动的根本动力来源，气是按照一定规律在人体内沿着经络循环运行的。气旺盛，并且能在体内经络中正常运行，则身体健康、精力旺盛；如果气血不足，经络混乱，则精神萎靡、疾病缠身。

演练赵堡太极拳首先要知道，与天地合德、与日月合明、与四时合序、与神鬼合吉凶，方能延年益寿。

如何才能让气血在人体内顺畅运行呢？必须关注练习赵堡太极拳中"与神鬼合吉凶"之说，也就是练拳中呼与吸的配合。心脏的跳动与肺部的呼与吸是人维持生命一刻也不能停的基本生理运动。肺部的呼气与心脏的收缩，将体内的血液通过血管收回心脏。肺部的吸气使心脏收缩，将血液通过血管输送到全身每个部位，这样的循环使体内气血通过三关、九窍，输送到全身的穴位，所以将呼与吸说成鬼神、阴阳。举例说明，你去看望一个危重病人，有人问你：病人出"气"乎？你说出气。毫无疑问病人是活着，那就是阳，是神。否则就是死，是阴，是鬼。所以赵堡太极拳练习者把呼与吸，看作太极，为阴、阳。气必须在体内大小周天中运行。在练习套路中理解，是由丹田中发出之气，在体内达四梢，来磨炼自己的筋骨。初练时是用身体四肢的动与静，促使体内气血在经络中运行，时间一久，气血运转有了规律，就形成丹田运转来带动全身各部位，这样的演练才完成十三式手法图中的流行者气。

赵堡太极拳宗师特讲："知气养而增命。"宗师又讲："气何以养？"宗师曰："寅时吐纳，神守天根，意沉海底，心静息寂，神意互恋，升降吞液，腹中如轮，旋转循规。是以知水火之和，气为两肾所趋，此人身性命之本，须留意。"

二、对待者数

古太极拳不单能健身，更精于防身，它是搏击术，是国家之武术，是我国人民抵抗外国侵略的重要手段之一。

技击搏斗，一打一化，就是有胜有负，招法为"数"，也就是阴阳，是太极。太极的数是由两仪、四象、八卦组成的，再具体一点，是用开合、出入、领落、迎抵这八个字代表的：开代表坤，合代表乾，领为震，落为巽，迎为兑，抵为艮，出为离，入为坎。赵堡太极拳是以阴阳化生为主宰，以动静机变为实践，上用八法（八卦）变化、下用五行配合来演习。

这里再详细阐释一下五行的内容，"五行"为金、木、水、火、土，也就是南、北、东、西、中的代号，实际是练拳、推手中的动向，也是方法。上用八法、下用五行，上用八法运化技能，下用前后左右中的配合，这样的演化技巧，才能做到一动十三劲俱现，才能显示赵堡太极拳独特的练法。这种上下配合技能的运化线，总称为背丝扣，练习方法是独特的。其实，对待者数是一百零八式动作中的攻防意图。赵堡太极拳是由七十二式、三十六招组合而成的，它以道的七十二地煞、三十六天罡星来演练每式动作的攻击意识，对应每动的手眼身法步的具体方法和用法，因地煞法多是以化为上，天罡法是致命的凶招，所以分七层功法练习，每层的动作说明、讲解很奥妙，更有练习时的七个规则来限制你的不规范动作和技法。只有一层挨一层地理解、体会，才能神理贯通，才能掌握天机的运用，更会练到高境界，才有在练功时有鬼陪你打架的玄影出现。

赵堡太极拳宗师讲："善竞扑而全身。此为习拳之妙理，扑何以善？手脚四肢皆听命于心神，动静虚实随意气而定取，上动下合，左转右旋，前移后趋，唯心神之所向，意气之所使也，腰为真机而贯串肢节，势无所阻是故内意者为用耳。"

但练习者切记，正宗招法应得师传，临敌应变和临场发挥是谁也无法教出来的。

三、主宰者理

一切事物永久不变的规律、规则，为"道理"。但谈及每件事物时，只能说出它真实性的一二，不能讲出全面，这只能用"可神悟，不可言传；可意会，不可语达"来形容，这就是"道"。道是用言语说不完整的，就是身体能感觉到滋味并能演练出来，嘴巴却无法形容出来，如赵堡太极拳姿势演练时的主宰者理。

1. 顺项贯顶两膀松，束肋下气把裆撑。威音开劲两捶争，五趾抓地上弯弓。这条秘诀，在一百零八式每式中都能运用得体，并能使你的动作姿势规范，提起你的精气神往外到位，使你的动作的理上一个台阶。

2. 举步轻灵神内敛，莫教断续一气研。左宜右有虚实处，意上寓下后天还。在第一条秘诀掌握好后，再理解第二条秘诀，你就感到惊奇，在第一条秘诀的基础上，第二条秘诀更得心应手，可以更深更好更明了地掌握。第一条秘诀就能使你感到完美，加上第二条秘诀，没有烦琐和多余感，而是感到更全面、更奇妙。

3. 拿住丹田练内功，哼哈二气妙无穷。静分动合屈伸就，缓应急随理贯通。

三条秘诀能在一式中理解、操演、体悟，神奇就会出现，你就能知道道教文化的伟大、道家养生术的神奇，传统文化不可废除，充分说明理无拳不明、拳无理不精的真实性。

练斯拳者必须以后天引先天，其中有无数层折，均须一层挨一层，不得躐等，否则无效，练至心肾归丹，催动铅汞，安轴安轮，方能成功。

乾坤颠倒颠

"乾坤颠倒颠，能悟到就能练成大罗仙"。这一古秘在赵堡镇已相传四百余年，始终单传不外露，更不传外家，现将我师父相授浅薄地谈一下。

首先从乾坤讲起，"乾"代号为"☰"（即三爻），乾三连，是伏羲八卦中的正南。单讲卦中的"乾"，代意是指天、阳、刚、火、红、男等。但这是讲太极拳方面的，应该是人身一太极，从人身讲：心属火，舌通于心，血气为刚。"坤"代号为"☷"，是伏羲八卦中的正北方，"坤"的代意是指地、阴、柔、水、黑、女等。从人身讲：肾属水，耳通于肾，气血畅通。在这里先谈一下金、木、水、火、土与人的脏腑的关系和功能。金属肺，木属肝，水属肾，火属心，土属脾，它们的功能是："金"，肺动沉雷惊；"木"，肝动火焰冲；"水"，肾动快如风；"火"，心动勇力生；"土"，脾动大力攻。再谈面部和五脏，心通于舌，肝通于目，脾通于人中，肺通于鼻，肾通于耳。再讲讲金、木、水、火、土与天地自然形成的关系，春为木气，夏为火气，长夏为土气，秋为金气，冬为水气。更重要的是四季与人的阴阳学说，春为喜气，故生；夏为乐气，故养；秋为怒气，故杀；冬为哀气，故藏。这里讲出了人的喜怒哀乐和天的生杀养藏，所以要将人身比天地，天地一太极。

要想弄清楚乾坤颠倒颠的真意，必须先知道天地与人身之间的相互联系。但是怎样才能谈清楚其理，还得从赵堡太极拳的独特处讲。练斯拳者，一定要以后天引先天，练至心肾归丹，催动铅汞，安轴安轮，并且要细讲，与天地合德，指人腹背而言，与日月合明，指人的耳目而言，与四时合序，指人肺肝而言，与神鬼合吉凶，指人的呼吸而言。乾是火，是指人的心脏，坤是水，是指人的肾脏。但还得说怎样为颠倒颠，练赵堡太极拳功法中第五层功法有"出入综坎离"，即：火降水升，水火沸腾，演练中为催法和用法中的回合法。在练的方面就不谈了，只讲如何才能练成大罗仙。火是心，心是产血的主要器官；水是肾，肾是产精的重要器官。心火旺，烧干了肾水；肾水足，淹没了心火。这是个大的难题，这里我讲一点人体的气血经络："源于脏腑，流于肢体。"气血失调，则神机反常而生；气血调和，则强身延寿。更要清楚地认识到"水谷之精，脏腑之精"，按照正常人是津生血，血生精，"精"乃人之精华，男子的精液与女子的卵子和性冲动时的分泌物，现代医学断言，精子与卵子只含蛋白和水，其实这只是医学上的一个极浅层次，也是认识事物的一个侧面。宇宙既然是无限可分的，就不可只凭显微镜下有限的观察，将无限的事物说成有限的。从千年古墓中发掘出的谷物，经培育竟然发出新芽，说明种子的生命力强盛。人是万物之灵，精与卵是人的种子，它所蕴含的生命力，从理论上讲，应属于生物的种子，所以中国古代圣人视精为珍宝，倍加爱惜。现代人习惯于用感观认识事物，可是眼睛等感官对事物的认识是有限的，只有用心灵感知事物才是无限的。

老子在二千五百多年前形象地描述了宇宙的形成过程，竟然和现代科学证实的一样，彭祖阐述的"惜精养神"也同样是人类重要的养生理论。古代修道之人，都在惜精的基础上，意守丹田，丹田须靠人体会其位置，大约在男子精囊和女子卵巢一带，意念便使气血集中于此。久之，精的能量被催化为一种更高级的物质进入血髓之中，上行至脑使人头清、耳聪、目明，形成"水火既济"和"心肾相交"之良性循环，这样练功的过

乾坤颠倒颠

221

程叫作：精化气，气化神，心为君主，心阳之气就是君火，脾胃是摄取后天营养的脏腑，其气属于后天之阳，肾居下焦，内系元阴元阳，其阳又为相火。人出生以后自然要靠脾来摄取后天水谷的营养，肾精的封藏也要靠脾胃之气的不断补充，因此，脾胃气的和调于机体健康关系重大。若通过内功心法长期演练，能让精化血，血化津，津能产生高机能的营养增补真气，进入骨髓，大脑形成先天之气，为元气，能延年益寿。所以能练成乾坤颠倒颠之法，必须懂得铅汞的练法。津的能量是构成人体及维持生命的基本物质，由饮食精微物质，通过胃、脾、肺、三焦等脏腑的作用而化生。津液对脏腑组织器官有着滋润和濡养的生理功能，与血同源。

赵堡太极拳有句秘诀曰："练拳若得长流水，长寿延年不老松。"

附

录

首届赵堡太极拳拳理拳法传承研讨会纪实

　　金秋十月，丹桂飘香。在恩师的召唤下，我们十九位弟子欣然相聚赵堡镇，参加恩师王海洲主持的首届中国赵堡太极拳拳理拳法传承研讨会。

　　这次会议在恩师的亲自指导和示范下，进一步训练了赵堡太极拳一百零八式规范拳架，明晰了拳理、拳法，诠释了赵堡太极拳的五个秘诀，学习了《赵堡太极拳拳理拳法秘笈》书稿的独门练法。

　　与会弟子通过本次研讨会的集中强化训练和恩师的言传身教，通过参观赵堡太极拳历代宗师纪念馆，受益匪浅，对赵堡太极拳拳理拳法的传承有了更深刻的理解，对赵堡太极拳规范拳架的强身健体、延年益寿之术有了更清晰的认识。本次研讨会的成功召开，对赵堡太极拳的传承与弘扬具有重大的现实意义和深远的历史意义。

　　《赵堡太极拳拳理拳法秘笈》的编辑出版是赵堡太极拳掌门人、我们的恩师王海洲大师几十年的练拳用拳之心得、在国内外授拳之经验和潜心探索研究之成果，是对赵堡太极拳本门传承和发展的重大理论贡献，将成为本门发展史上的里程碑。

　　谨此，对恩师的无私付出和良苦用心深表感谢！对恩师的信任和重托深感荣幸！同时也深感责任重大，我们要遵循恩师教诲，认真领悟赵堡太极拳的精髓，掌握其独门练法和要诀要义，不断丰富拳理、提高拳技；要积极推广宣传并继承弘扬赵堡太极拳。"路漫漫其修远兮，吾将上下而求索"，赵堡太极拳弟子应严守赵堡太极拳门人训，精诚团结、同心协力、齐研共悟，德艺双馨，共创中国赵堡太极拳的辉煌！

王长青等十九位弟子

本书一百零八式拳架附图的身体方位表

序号	拳架名称	图片身体方位	图片索引	成式时身体方向
1	第一式　预备式	南	1-4	南
2	第二式　领落	东南－南－西南－南－南	6-10	南
3	第三式　翻掌	东南－东南－西南－东南	11-14	东南
4	第四式　懒插衣	东南－南	15-16	南
5	第五式　如封似闭	东南－西－西南	17-19	西南
6	第六式　单鞭	东南－东北－西南－南－南	20-24	南
7	第七式　领落	南－南－东南－东	25-28	东
8	第八式　白鹤亮翅	东南－东南－北－东南－东－东南	29-34	东南
9	第九式　搂膝斜行	西南－西南－东南－东南－东	35-39	东
10	第十式　开合	东－东－东	40-42	东
11	第十一式　琵琶式	东－东南	43-44	东南
12	第十二式　搂膝腰步	东南－东	45-46	东
13	第十三式　上步十字手	南－东南	47-48	东南
14	第十六式　收回琵琶式	东南－南	49-50	南
15	第十七式　搂膝腰步	西南－南－南	51-53	南
16	第二十式　束手解带	南－南－南－南	54-57	南
17	第二十一式　伏虎	南－西南－西－南	58-61	南
18	第二十二式　擒拿	西－西	62-63	西
19	第二十三式　指囟捶	西－西	64-65	西
20	第二十四式　迎面捶	南	66	南
21	第二十五式　肘底看拳	东	67	东
22	第二十六式　倒撵猴	东－东－东－东－东	68-72	东
23	第二十七式　白鹤亮翅	东－北－东南	73-75	东南
24	第二十九式　开合	南－东北	76-77	东北
25	第三十式　海底针	东北	78	东北
26	第三十一式　闪通背	东－南－西－北－西南	79-83	西南

序号	拳架名称	图片身体方位	图片索引	成式时身体方向
27	第三十二式　如封似闭	西南－西南－西南	84–86	西南
28	第三十四式　云手	南－南	87–88	南
29	第三十五式　腰步	南	89	南
30	第三十六式　高探马	东	90	东
31	第三十七式　转身	南－东－北－东北	91–94	东北
32	第三十八式　右拍脚	东	95	东
33	第三十九式　再转身	东－南－东南	96–98	东南
34	第四十式　左拍脚	东	99	东
35	第四十一式　双风贯耳	东－北－北	100–102	北
36	第四十二式　旋脚蹬跟	北	103	北
37	第四十三式　三步捶	北－西－北	104–106	北
38	第四十四式　青龙探海	西	107	西
39	第四十五式　黄龙转身	西－东	108–109	东
40	第四十六式　霸王敬酒	东－东	110–111	东
41	第四十七式　二起拍脚	东－东	112–113	东
42	第四十八式　跳换脚	东－东	114–115	东
43	第四十九式　分门桩	东	116	东
44	第五十式　抱膝	东－东	117–118	东
45	第五十一式　喜鹊蹬枝	东	119	东
46	第五十二式　鹞子翻身	上－北	120–121	北
47	第五十三式　搂膝	东北－东	122–123	东
48	第五十四式　再搂膝	东南－东南	124–125	东南
49	第五十五式　研手捶	南－东南	126–127	东南
50	第五十六式　迎面肘	南－西南－东	128–130	东
51	第五十七式　抱头推山	东－西南－西南	131–133	西南
52	第五十八式　如封似闭	西南－西南－西南	134–136	西南
53	第六十式　前招	南	137	南
54	第六十一式　后招	西	138	西
55	第六十二式　勒马式	西	139	西
56	第六十三式　野马分鬃	西北－西－西南－西	140–143	西
57	第六十四式　右高探马	西南－西	144–145	西
58	第六十五式　白蛇吐信	西	146	西
59	第六十六式　玉女穿梭	北	147	北
60	第六十七式　转身懒插衣	南	148	南

序号	拳架名称	图片身体方位	图片索引	成式时身体方向
61	第七十一式　跌岔	西南－西南－南－南－南	149–153	南
62	第七十二式　扫腿	西	154	西
63	第七十三式　转身	东	155	东
64	第七十四式　右金鸡独立	东	156	东
65	第七十五式　左金鸡独立	东	157	东
66	第七十六式　双震脚	东	158	东
67	第八十一式　海底针	北	159	北
68	第八十七式　高探马	南	160	南
69	第八十八式　十字手	西南－西	161–162	西
70	第八十九式　单摆莲	南－南	163–164	南
71	第九十式　指裆捶	西南	165	西南
72	第九十一式　领落	南	166	南
73	第九十四式　右七星下式	西南	167	西南
74	第九十五式　擒拿	南－西南	168–169	西南
75	第九十六式　回头看画	南	170	南
76	第九十七式　进步指裆捶	东南	171	东南
77	第九十八式　黄龙绞水	南－东北	172–173	东北
78	第一百式　单鞭	北	174	北
79	第一百零一式　左七星下式	西北	175	西北
80	第一百零二式　擒拿	西北－西	176–177	西
81	第一百零三式　进步砸七星	西－西	178–179	西
82	第一百零四式　退步跨虎	西－西	180–181	西
83	第一百零五式　转身	南	182	南
84	第一百零六式　双摆莲	南	183	南
85	第一百零七式　搬弓射虎	西南	184	西南
86	第一百零八式　领落	南－西南－南－南	185–188	南

注：

1. 赵堡太极拳起式时身体面向正南。

2. 书中的拳架说明均以东南西北进行方位变化。

赵堡太极拳传承表

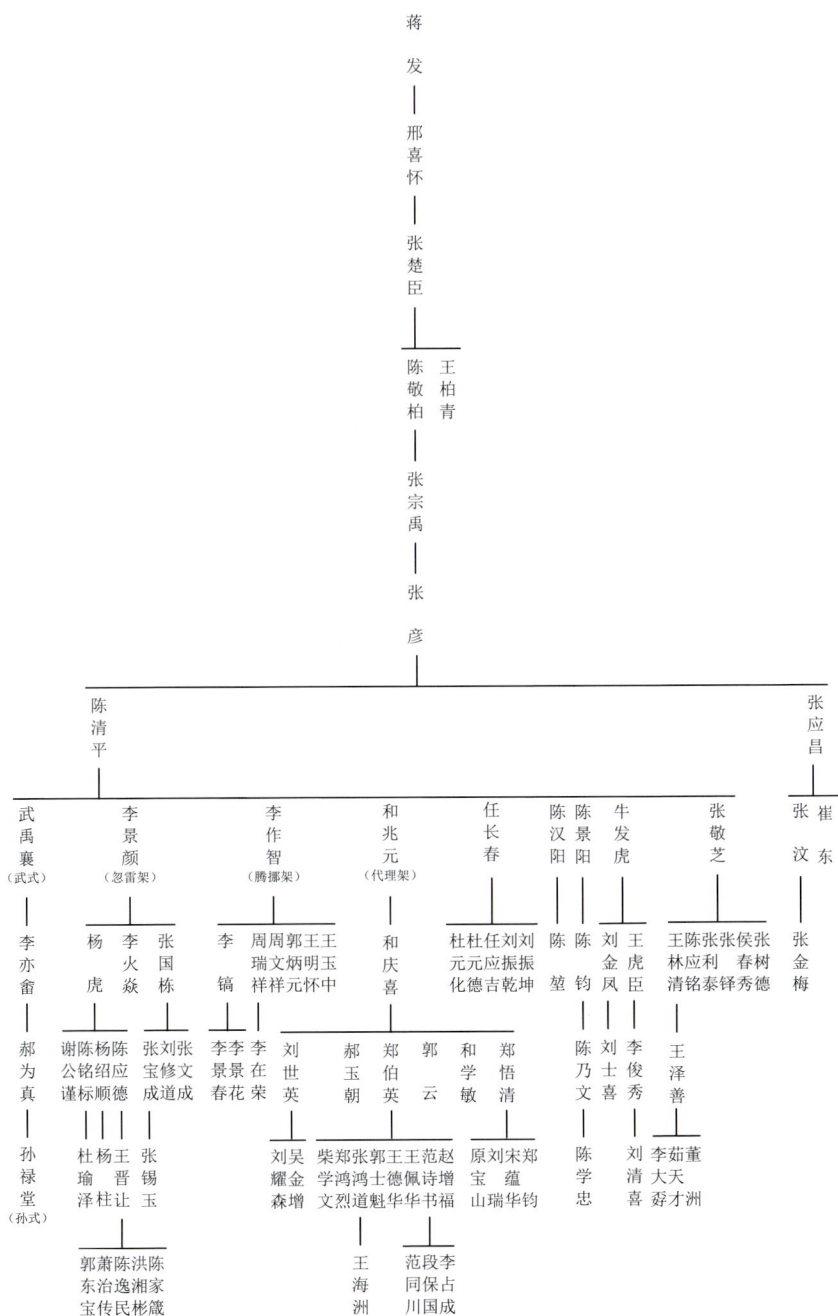

蒋发
└ 邢喜怀
　└ 张楚臣
　　├ 陈敬柏　王柏青
　　└ 张宗禹
　　　└ 张彦
　　　　├ 陈清平
　　　　└ 张应昌

陈清平一支

- 武禹襄（武式）
  - 李亦畬
    - 郝为真
      - 孙禄堂（孙式）

- 李景颜（忽雷架）
  - 杨虎
    - 谢公谨　陈铭标　杨绍顺　陈应德
      - 杜瑜泽　杨晋柱　王锡让
  - 李火焱
  - 张国栋
    - 张宝成　刘修道
      - 张玉
        - 郭东宝　萧治传　陈逸民　洪湘彬　陈家箴

- 李作智（腾挪架）
  - 李镐
    - 李景春　李景花
  - 周瑞祥　周文祥　郭炳元　王明祥　王元中
    - 李在荣
    - 刘世英
      - 刘耀森　吴金增

- 和兆元（代理架）
  - 和庆喜
    - 郝玉朝
    - 郑伯英
      - 柴学文　郑鸿烈　张士道　郭魁华　王佩华　范诗书　赵增福
        - 王海洲　范同川　段保川　李占成
    - 郭云
    - 和学敏
    - 郑悟清
      - 原宝山　刘瑞　宋蕴华　郑钧

- 任长春
  - 杜元化　杜元德　任应吉　刘振华　刘振坤

- 陈汉阳
  - 陈垄
- 陈景阳
  - 陈钧
    - 陈乃文
      - 陈学忠

- 牛发虎
  - 刘金凤
    - 刘士喜
      - 刘清喜

- 张敬芝
  - 王虎臣
  - 王林清　陈应铭　张利泰　侯春铎　张树德
    - 李俊秀
    - 王泽善
      - 李茹大　董大天　孥才洲

张应昌一支

- 张应昌
  - 张汶
    - 张金梅
  - 崔东

赵堡太极拳第十二代王海洲主要传人

河南焦作温县：王长青、慕新军、王翠霞——（子）慕雯涛、王珊霞——（子）贾凯文、王占魁、贾伟、司有生

河南焦作博爱县：贺太安、王立品、齐学军

河南焦作武陟县：闫红军、赵长松、李小国、贾波

河南焦作沁阳市：李长洪、张虎振

河南新乡市：张挺、张瑞勤、遆好社、王卫红、王金林

河南郑州市：张家和

河南郑州登封市：释永旭

河南洛阳市：宋聚堂、潘芳

河北邯郸市：郭江、郝一、田喜莲、李大寨、赵爱斌、张志卿、郝照刚、刘淑英、康晓娟、郭兴华、岳计林、李洪义、袁克勇、付积亮、王顺兴、李蒙召、任小全、乔鹏

河北邯郸大名县：郝丁、杨延涛、陈二春、张江涛、张磊

河北邯郸临漳县：郭九敏、李树清、任会保、王秀萍、张秀峰、冉海滨、吴红、张海滨

河北邢台市：李国英

河北承德市：金秀娟

广西南宁市：熊智军、李明、魏爱玲、冼定同、陆燕、王晖、陆宁、廖斌、谢莹、李莉娜、周琳、李次娜、刘文、梁维平、王丹、冯薇、周文涛、刘镇维、何月桂、罗营、许峰、黎明、王贵洪、俞琼、韦哲、田华欣、汪茗、莫清莲、刘天明、李海云、周夏林、杜佩愈、蓝甸军、谭谦、肖而立、成天晓、苏海峰

广西梧州岑溪市：叶绿华、李凡、吴小军、梁茂标、李泽贤、封斌、甘义崇、房超斌、甘伟铭、刘大海、李勤

广西梧州市：秦海涛

广西桂林市：李业幸、蒋红生、秦爱军

广西贺州市：江荣秋、莫建明、英燕、伍欣荣、张宝珠、李瑞玲、何木旺、陈建芳、梁永新、黄盛全、毛明志、李志荣、谢素群、叶忠华、梁秀云、胡椿明、张晋国

广西柳州市：郭西宁、李长凤

广西北海市：黄周

湖北武汉市：刘安新、李焕洲、甘远香、吴一多、陈四香、吴汉荣、周火林、宋筱萍、徐玉梅、彭世文、刘启光、熊英彤、赵艺新、闵江东、刘树珊、冯崇发、饶扬志、易友清、朱修胜、吴亮

湖北孝感市：郑凯、汤国宝、张国洪、赵华根、沈万清、张峰莲

辽宁本溪市：房国良

浙江温州乐清市：卢茂森、谢贤柱、李建英、叶银利、金晓龙、李修惠

浙江台州市：卢先友、尹卫国、王荷芳、林健平、廖春妹、朱富明、金良菊、葛时友、倪掌才、苏卫江、陈用平、叶天华、卢林森、卢学勤、杨玉英

浙江台州临海市：金祖兵、潘兆军、吴凤花、李建明、尹爱国

浙江舟山市：彭芳

重庆市：刘星明、刘兴强、袁其林、冯丁宁

广东深圳市：袁浩森、曾润棠、邓炳强、卓桂海、卢炎信

福建厦门市：张亚麟、何克强、曾旺斌、陈长现、邱书宏、杨军成

上海市：吴国庆

江苏南京市：萧军荣

江苏盐城市：薛春将

江苏省：张定全

陕西西安市：王自安

江西赣州市：徐军水

中国香港特别行政区：吕珈佑、林璧芬、温汉民、许玉莲、刘烜辉、唐岚

加拿大：毛春燕、黄淑华

美国：赵伟春

韩国：徐牛松

后记

《赵堡太极拳拳理拳法秘笈》一书终于正式出版，可谓十年磨一剑。2007年我分别到浙江、武汉、广西为徒弟们现场授课，在这期间我一次次的示范动作和讲解都被大家用各种现代信息技术记录下来了，并在课后相互学习切磋和反复讨论研究。这样大大地提高了教学进度和训练水平。我想如果将每一次的授课讲义汇集成册，作为培训教材供大家练拳时阅读使用，不就能更好更快地传播推广赵堡太极拳了吗！这就是编辑本书的初衷。

为将几十年授拳笔记正式编辑成书，从2014年起，我在本门弟子中挑选了部分分会会长和骨干，分别在温县赵堡镇和南宁市进行了三次集训和研讨，从而进一步规范了赵堡太极拳一百零八式的拳架演练姿势，提高了教学质量，增强了大家对拳理拳法的理解，同时进一步明确了习武练拳之人要做到德艺兼备、以德为先的原则，不断磨炼优良品格和精湛技艺。在培训过程中，我主要采用体认、体证，研讨求真的方式，遵循知之为知之、不知为不知，知无不言，不藏巧，言必由衷，言必尽意。我如竹筒倒豆般尽传所学所知，自始至终，待徒如子。严苛的集训和研讨工作为编辑本书提供了有力的支撑和支持。在此，我感谢所有参与集训和本书编辑工作的徒弟们！

2016年，我应邀到云南参加有关太极拳的研讨活动，期间幸会王跃平编辑。王跃平编辑曾经在山西科学技术出版社出版过许多武术书籍。我们一见如故，话很投机。她即热情地帮我做本书的出版计划，并亲自到温县赵堡镇与我商量书的篇章结构并加以指导。在她的鼎力支持下才有今天《赵堡太极拳拳理拳法秘笈》与公众见面。在此，我衷心感谢王跃平编辑和她的团队的大力支持！衷心感谢北京科学技术出版社的大力支持！

此外，我还要感谢热爱此书的读者！感谢热爱赵堡太极拳的广大练习者！也希望本书对大家练习赵堡太极拳有所裨益。

王海洲

王海洲先生之子王长青拳照

王海洲先生之子王长青拳照

王海洲先生全家合影

人文武术精品书系
北京科学技术出版社

扫码购书
一键完成

张策传杨班侯太极拳 108 式
（配光盘）　　　　定价：48 元
张　喆 著　韩宝顺　整理

河南心意六合拳
（配光盘）　　　　定价：79 元
李洳波　李建鹏　著

形意八卦拳　　　　定价：52 元
贾保寿 著　武大伟　整理

王映海传戴氏心意拳精要
（配光盘）　　　　定价：198 元
王映海　口述　王喜成　主编

张鸿庆传形意拳练用法释秘
　　　　　　　　　定价：69 元
邵义会　著

华岳心意六合八法拳
　　　　　　　　　定价：65 元
张长信　著

戴氏心意拳功理秘技
　　　　　　　　　定价：68 元
王　毅　编著

传统吴氏太极拳入门诀要
（配光盘）　　　　定价：68 元
张全亮　著

拳疗百病——39 式杨氏养生太极拳
（配光盘）　　　　定价：96 元
戈金钢　戈美葳　著

尚济形意拳练法打法实践
　　　　　　　　　定价：89 元
马保国　马晓阳　著

I

非视觉太极——太极拳劲意图解
定价：158 元
万周迎　著

轻敲太极门——太极拳理法与势法
定价：108 元
万周迎　著

冯志强混元太极拳 48 式
定价：75 元
冯志强　编著
冯秀芳　冯秀茜　助编

赵堡太极拳拳理拳法秘笈
定价：126 元
王海洲　著

刘晚苍传内家功夫及手抄老谱
刘晚苍　刘光鼎　刘培俊　著

拳道薪传丛书

扫码购书
一键完成

三爷刘晚苍
——刘晚苍武功传习录
定价：54 元
刘源正　季培刚　编著

乐传太极与行功
定价：68 元
乐奂　原著
钟海明　马若愚　编著

慰苍先生金仁霖太极传心录
定价：82 元
金仁霖　著

中道皇皇
——梅墨生太极拳理念与心法
定价：118 元
梅墨生　著

杨振基传太极拳内功心法
定价：79 元
胡贯涛　著

卢式心意拳传习录
定价：118 元
佘江　编著